VOCÊ FOI CRIADO PARA A GRANDEZA

UMA FILOSOFIA SOBRE PLENITUDE

2ND EDIÇÃO

Jackson Hale

Uma Mensagem aos Leitores

Este é um livro sobre avivamento. Avivamento para o que estava perdido, o que estava quebrado, o que foi roubado, e para o profundo potencial que há dentro de você, colocado por Deus. O meu coração queima em poder te ajudar a correr esta corrida como um cristão tendo Cristo como centro e o foco, e cheio de saúde, consistência, paixão e alegria pelo Reino.

Então, eu convido a Igreja para uma mudança. Eu convido a Igreja para impactar o mundo como nunca, através do poder e do amor que foi derramado em você através do Espírito Santo. Todavia, nós precisamos examinar a nós mesmos. Precisamos olhar para onde estamos física, mental e espiritualmente, e se nos perguntarmos: nós estamos prontos?

Estamos prontos para nos dedicarmos totalmente às coisas de Deus além da nossa imaginação mais audaciosa, e em completa saúde, liberdade e filiação no Pai?

Sim, isso vai levar um tempo. E vai demandar esforço. Mas você foi escolhido! Você foi designado para fazer a diferença neste mundo que está desesperadamente carente - designados para ser uma geração que olha além de si mesma e é humilde o suficiente para *exalar* Jesus em todas as áreas de sua vida.

Isto é abandonar completamente os desejos mundanos e da cultura deste mundo para viver por algo maior do que você.

Grandeza.

Você foi chamado. Este livro é para você. E essa jornada começa agora.

Bem-vindos à minha filosofia de Plenitude e Saúde Integral.

Gratidão

A todos que me ajudaram, encorajaram e me iluminaram ao longo do caminho, eu não poderia ter escrito isto sem vocês. Gratidão à minha mãe e ao meu pai, minha irmã, e meus irmãos e irmãs em Cristo: Clarence, Tyler, Jamal, Natalie, Tom, Max, Dillon, Carlos, Nick, Becca, Paul, Bryan, Dave, Chad, Julie, Joe, Cassidy, Jeff, Hal, Dan, Shawn, Craig, Mike, Cynthia, Pastor Joel, Brianna, Alyssa, Amanda, Andrea, Dominick, e ao Professor Crowell.

Com a segunda edição, reservei um tempo para adicionar novas informações, expandindo os meus pensamentos e atualizando o meu foco atual em torno do coração do ministério *360wellness (Bem-estar 360°)*: avivamento. Agradeço a Deus pela oportunidade de apresentar a vocês estas próximas páginas e dou a Ele toda a glória.

Eu coloquei tudo o que sei e acredito neste livro. Oro para que ele produza os bons frutos que pretendo plantar ao escrevê-lo. Ao longo dos sete capítulos, haverá dicas práticas com uma avaliação holística de vinte perguntas no final. Esta é uma oportunidade de explorar a sua saúde e bem-estar atuais, por isso encorajo você a separar um caderno para essa jornada e registrar o que você sentir que precisa. Obrigado pela leitura, é realmente uma bênção ter você como leitor; me sinto honrado.

ÍNDICE

Introdução

"Mas entre vocês não é assim; pelo contrário, quem quiser tornar-se grande entre vocês, que se coloque a serviço dos outros; e quem quiser ser o primeiro entre vocês, que seja servo de todos. Pois o próprio Filho do Homem não veio para ser servido, mas para servir e dar a Sua vida em resgate por muitos."

Marcos 10:43-45 NAA

Grandeza não é sobre dinheiro. Não se trata de habilidades. Também não é sobre o número de pessoas que você alcança. *É sobre a profundidade do impacto que alguém causa na vida de outros.* Através do bem-estar centrado em Cristo, você pode maximizar consistentemente o seu impacto neste mundo. Levará tempo, esforço, persistência e foco, mas você tem o que é preciso. Afinal, você foi feito à imagem dEle.

Como um cristão, agora você é a habitação do Espírito Santo e tem tudo o que precisa. Deus pode usar você para a Sua glória. No entanto, você tem a liberdade de escolher entre cultivar um ambiente saudável em sua vida, onde possa aproveitar todo o seu potencial, ou desperdiçar a oportunidade cedendo às tentações e distrações deste mundo.

Então, você deve perguntar a si mesmo. Qual será a minha escolha?

Através da grandeza você alcançará muito. Entretanto, as suas ações como um cristão devem ser estratégicas e intencionais neste mundo. Mais do que nunca, é necessário ter uma mente sóbria e cheia de amor na liberdade que Cristo nos deu.

O anseio e a intenção de Deus para você é que você viva da melhor maneira possível para a Sua glória, impactando aqueles em sua esfera de influência por meio do Seu amor e poder.

O nosso potencial está nEle.

Você tem um caminho. Você tem um destino. Mas você dirá "sim" para uma vida plena e dará o seu melhor?

Meu objetivo com este livro é revelar tudo o que aprendi, o meu coração e aquilo em que acredito como profissional do bem-estar baseado na fé. Isso é algo que agora sei que preciso para a minha própria vida. Deus colocou em meu coração a intenção de escrever o que acredito sobre a minha própria plenitude pessoal, e escrevi estas páginas para reunir o que considero essencial para uma saúde consistente em minha vida. Por favor, saiba que estou fazendo isso diariamente e estou nesta jornada com você.

Eu não sou especialista, médico ou pastor, mas o que carrego é uma paixão ardente por ver o Corpo de Cristo caminhar consistentemente com confiança, poder e amor no Espírito. Estou falando sobre trabalhar em direção a uma transformação consistente em quem Ele criou você para ser.

A saúde física não é a única parte importante. Através da minha experiência pessoal e ajudando os meus clientes em suas próprias jornadas, acredito fortemente que isso seja verdade. Uma pessoa precisa de uma saúde mais profunda e, como cristão, percebi que a Igreja – o Seu Corpo – também precisa. Uma saúde holística e integral.

Aprendi em minha própria vida que, como cristão, você deve ser diligente e intencional na maneira como cuida do seu corpo, sua mente e do seu espírito, enquanto busca permanecer, crescer e sustentar-se consistentemente em sua caminhada com Deus.

Você é um ser humano complexo que possui um grande destino em Cristo. No entanto, você tem livre arbítrio. Há oposição, e juntamente muitas distrações e falsas verdades neste mundo, constantemente afastando você do seu potencial.

Este livro irá ensiná-lo a construir uma estabilidade saudável em sua vida, eliminar as distrações que este mundo oferece de forma tão tangível, e capacitar a sua melhor versão para que você consiga desbloquear o profundo potencial que Deus colocou em você.

Novamente, através da grandeza você alcançará muito. Cada um dos seus sonhos pode parecer diferente, mas não importa em que fase você esteja, você tem valor e pode ter um impacto positivo na vida de outras pessoas.

O que fará a diferença não é o que você faz,

mas como você faz.

Deus pode usar você independentemente de onde Ele o colocar. No entanto, para administrar consistentemente a sua melhor versão, você deve cultivar e estabelecer as bases para a grandeza. Isso é o que chamo de verdadeiro bem-estar ou "plenitude" em sua vida. Amém.

Você deve perceber que o Evangelho é uma mensagem holística. Traz vida eterna para todos os que beberem da água de Cristo.

João 4:13-14 NAA, "*Jesus respondeu: 'Quem beber desta água voltará a ter sede, mas aquele que beber da água que eu lhe der nunca mais terá sede. Pelo contrário, a água que eu lhe der será nele uma fonte [satisfazendo a sua sede por Deus] a jorrar [fluindo continuamente, borbulhando dentro dele] para a vida eterna.'"*

Ao permitir que essa realidade penetre em todas as partes da sua vida, você se transformará em uma nova criação.

O velho já se foi. O novo está nascendo. E tudo aquilo que te prendeu no passado, agora não passa de uma memória.

> Hebreus 8:11-12 NVI, *"Ninguém mais ensinará ao seu próximo nem ao seu irmão, dizendo: 'Conheça [por experiência, ter conhecimento] ao Senhor',*
>
> *Porque todos eles me conhecerão [por experiência e conhecimento], desde o menor até o maior. Porque eu lhes perdoarei a maldade e não me lembrarei mais dos seus pecados".*

Quando você entrar nesta verdade e confiar nas Escrituras, a sua identidade começará a surgir. *A sua verdadeira identidade.* Em primeiro lugar e o mais importante, é que você é filho de Deus.

Através desta verdade, você pode começar a amar em oposição à cultura egoísta e destrutiva do mundo. Alcançando uma mudança sobre a maneira como você se relaciona com os outros, a maneira como você se alimenta, como você aborda a saúde e até mesmo a boa forma física.

Minha missão é te levar a um lugar de realização sobre quem você é, o seu valor e o potencial de impacto que você carrega para o Reino de Deus.

Essa abordagem holística, profunda e centrada em Cristo sobre o bem-estar é a paixão que quero apresentar a todos que encontro na Igreja, na rua ou com quem me conecto ao longo das páginas deste livro. Você precisa saber e lembrar que todos nós temos um propósito em Cristo; todos nós temos um motivo para estar aqui na Terra. A vida é uma jornada para caminharmos nessa verdade, e eu o ajudarei a otimizá-la.

Então, começaremos aqui — construindo uma base sobre grandeza através da verdadeira saúde e bem-estar: uma base centrada em Cristo e que o capacita a ser a melhor e mais completa versão de si mesmo, para que você possa dar o seu melhor àqueles que estão ao seu redor e que mais precisam.

Este é o assunto e o tema em que Cristo se concentrava diariamente. Embora eu também tenha dificuldades, pessoalmente posso afirmar que me sinto mais vivo quando doo, ajudo ou cuido de alguém necessitado.

> Atos 20:35 NAA, *"Em tudo tenho mostrado a vocês [através do exemplo] que, trabalhando assim, é preciso socorrer os necessitados e lembrar das palavras do próprio Senhor Jesus: 'Mais bem-aventurado [e traz uma alegria maior] é dar do que receber.'"*

Nem sempre eu tenho vontade, mas sei que é melhor dar do que receber. Pense na última vez que você procurou ajudar alguém necessitado. Como se sentiu?

Entregar de maneira altruísta é um presente por si só. Parte destas páginas irá ajudá-lo a chegar a um lugar onde você pode alcançar essa abundância espiritual de dar e não apenas de precisar, da maneira como as Escrituras nos convida para viver e amar.

Meu foco em tudo isso gira em torno de dois princípios: *prevenção* e *consistência*.

Prevenir as coisas que o mundo cultiva, como dor, doenças, enfermidade, obesidade, depressão, ansiedade e assim por diante. Muitas das coisas vividas hoje são desnecessárias e podem ser evitadas através da consciencialização e da atenção às áreas certas e necessitadas. Não todas elas, mas a maioria.

Com menos disso em sua vida, você pode começar a alcançar uma posição de constância para com os necessitados.

Você pode começar a olhar

adiante ao invés de olhar para baixo.

No entanto, eu sei e compreendo que não é assim que o mundo funciona e, por vezes, pode até parecer que tudo vai contra este estilo de vida (o que acredito que seja).

Em segundo lugar, quero que saiba que você foi criado para ter consistência. Amando, vivendo, orando e andando consistentemente no Espírito. Este é o objetivo, e eu tenho uma forte convicção de ajudá-lo a se mover em direção a essa posição.

No entanto, não comecei minha jornada de bem-estar com essa convicção. Em 2014, tive a ideia de criar uma empresa que chamo de *360wellness*. Comecei esse modelo de negócio em saúde e bem-estar com um perfil simples no Instagram focado em exercícios corretivos, nutrição e saúde preventiva, ao mesmo tempo em que descobria quais eram as minhas paixões no primeiro ano da faculdade.

À medida que avançava para o último ano, ganhei experiência no setor de saúde trabalhando como auxiliar de fisioterapia, com uma equipe incrível de fisioterapeutas.

Através do meu trabalho, entrei em contato com dois terapeutas principais, Nadar e Mary, que eram cristãos e vieram do Egito em busca de começar uma vida na América. Onde, ao longo de muitos anos, eles desenvolveram este negócio de sucesso chamado Fisioterapia Ágape ("Ágape" significa amor *incondicional*).

O amor de Deus.

Jamais esquecerei o dia em que me candidatei para um estágio na Ágape. Enquanto eu estava passando de carro, e hesitante em me candidatar para um estágio, algo tocou meu coração (o que mais tarde eu descobri que foi um "empurrãozinho" do Espírito Santo).

Acabei dando meia-volta e entrando. Resumindo, isso me levou a trabalhar com eles por um ano inteiro, enquanto terminava meu período na Azusa Pacific University, no sul da Califórnia. Aprendi conceitos e aplicações incríveis na área de reabilitação que ainda hoje uso com os meus pacientes.

No entanto, senti que ainda faltava algo neste tipo de cuidado e estava ansioso para preencher essa lacuna. Enquanto estive envolvido em meu estágio, aprendi duas coisas:

A primeira é que eu era empático com os meus clientes e isso partia meu coração. Cada vez que eu trabalhava com alguém com dor pós-operatória ou lesão, gostaria que houvesse uma maneira de prevenir o ocorrido.

Parecia que 80% dos casos

que chegavam poderiam ter sido

evitados se detectados precocemente.

A segunda é que o sistema de saúde, infelizmente, tornou difícil para o paciente e para o profissional de saúde fazer o que era necessário para uma recuperação total (juntamente com a prevenção de dores ou lesões adicionais). Simplesmente não havia tempo ou dinheiro suficiente para resolver os problemas em questão.

Ao me formar, continuei minha jornada em San Diego e encontrei o meu verdadeiro relacionamento com Deus por meio de múltiplas experiências que não posso contradizer. Desde entrar num culto de avivamento e sentir a presença de Deus, até voar com uma equipe missionária para África e ver Deus curar centenas de crianças através das nossas mãos.

Reconheci o poder da fé em

Jesus Cristo e a cura, saúde,

e a paz que vêm juntamente com isso.

Mais importante ainda, experimentei o que um relacionamento verdadeiro e íntimo com Ele produz. Vida.

Há muitas coisas disponíveis que nos proporcionam uma paz temporária, mas através da fé e do relacionamento com Deus, há uma oportunidade para algo muito mais profundo, algo que é verdadeiro e duradouro.

Deus é a peça que falta no bem-estar integral que poucos profissionais conseguem e estão enfatizando em seu modelo de atendimento ao cliente. Eu quero que as coisas mudem. Esta aplicação à sua vida satisfaz e permite que você avance para um lugar de liderança e amor piedosos, baseando-se nas características da grandeza.

Essa visão me levou a evoluir continuamente o *360wellness*, assim como os conceitos que o acompanham. Sempre tive uma base de saúde preventiva e bem-estar no início, sendo massagem, exercícios, nutrição e atenção plena os conceitos de negócios fundadores em 2016. Aprendi rapidamente o que meus clientes do setor fitness e terapêutico mais precisavam para uma vida equilibrada.

Mas, como você pode ver, o tempo passou e Deus começou a me conduzir em direção a esse enfoque centrado em Cristo na saúde. Cristo é a nossa pedra angular e sem Ele nós não temos nada.

> João 15:5 *"Eu sou a Videira, vocês são os ramos. Quem permanece em mim, e eu, nele, esse dá muito fruto;porque [de outra forma] sem mim [isto é, afastados de uma união vital Comigo] vocês não podem fazer nada."*

E assim, a minha visão começou a mudar. Minhas paixões começaram a mudar. Deus começou a transformar o *360wellness* e, com o tempo, o ministério se tornou do jeito que eu creio ser o qual Ele pretendia que fosse. Impactando os outros além do nível físico, capacitando todos a serem quem foram criados para ser. Filhos e filhas apaixonados do Rei.

Avivamento.

Esta visão tornou-se plenamente tangível no final de 2019, quando recebi uma palavra de Deus ao entrar no novo ano, dizendo: *"Veremos claramente"*.

Enquanto escrevia isto em meados do ano de 2020, comecei a ver que os olhos se abriam para o que deveria ser verdadeiramente valorizado na vida, e para o dom da vida pelo qual muitas vezes nos esquecemos de ser gratos.

Foi e é a hora da mudança. Pode-se dizer que é um ponto de partida. Portanto, acredito na proclamação de uma saúde que não se concentre apenas nos aspectos físicos e mentais de uma pessoa, mas também capacite o espírito com uma abordagem centrada em Cristo. Esta é a jornada da plenitude. É aqui que tudo flui.

Você não tem saúde completa sem que o seu

espírito seja nutrido e cuidado.

A minha paixão e vocação é preencher a lacuna entre os cuidados de saúde e a fé, fornecendo apoio, orientação e formação ao Corpo de Cristo, ajudando a maximizar o impacto que podemos causar.

Imagine um sistema de saúde holístico aberto ao amor de Deus e ao Espírito de Deus, confessando livre e abertamente que Cristo é o Senhor, ao mesmo tempo em que presta cuidados profissionais de alta qualidade a todos os que vierem.

Este seria um lugar onde a oração faz parte da cultura e do processo de cura, um lugar onde você recebe cuidados baseados na fé de profissionais que desejam ver você viver da melhor maneira possível para a glória de Deus.

Isso vem crescendo dentro de mim e sonho em um dia causar um impacto global com o *360wellness* por meio de um sistema capaz de ajudar outras pessoas a encontrar saúde integral e plenitude em todo o mundo. Isto cultivaria uma cultura de ajuda para capacitar as igrejas, as comunidades dos países em desenvolvimento, os menos afortunados nos Estados Unidos da América, os sem-abrigo e os desfavorecidos.

Isso soa grande demais? Deixe-me reiterar o fundamento.

Reconheço a importância e o poder na integração da saúde holística do corpo, mente e espírito. Eu também conheço o seu potencial. Este modo de viver maximizará e dará clareza à sua caminhada na fé em nossos complexos esforços para nos tornarmos plenos.

Vejo a *plenitude* como "um estado de trabalho em prol da saúde, não apenas física, mas também mental e espiritual".

Este é um processo contínuo e é um precursor do que chamo de "verdadeiro bem-estar" ou saúde profunda e integral. Ao seguir em direção a esse tipo de alicerce, você pode fazer com que Deus (e o Espírito Santo) sejam mais ativos em sua vida — ao ver com clareza, andar em pureza (em todas as áreas) e limitar as distrações deste mundo.

O conceito é que, além da graça de Deus, você terá que realizar ações diligentes, intencionais e organizadas para viver da melhor maneira possível. Pois a fé sem obras está morta.

> Tiago 2:26 NAA, *"Porque, assim como o corpo [humano] sem espírito é morto, assim também a fé sem obras [de obediência] é morta."*

Dentro do Corpo de Cristo existe a necessidade de nos tornarmos mais proativos com a nossa saúde holística, para vivermos com a prevenção em mente.

Ser proativo é definido como "*(uma pessoa ou ação) criar ou controlar uma situação fazendo com que algo aconteça, em vez de responder depois que aconteceu*" (Dicionário Oxford, 2020).

Na teoria, manter este tipo de saúde holística é fácil:

Mantenha-se ativo, coma vegetais, estabeleça conexões com outras pessoas, ore, leia as Escrituras, sirva e assim por diante. Porém, se você for realista, existem realidades – preocupações com os filhos, lesões, dor, falta de motivação, distrações e outras prioridades (ou ídolos) – que atrapalham.

Agora, antes de avançarmos e percorrermos *o conceito* da minha filosofia sobre a plenitude e saúde integral, gostaria de destacar e identificar algumas das razões e/ou *mentiras* que nos impedem de construirmos uma base de verdadeiro bem-estar em nossas vidas.

1. Conhecimento

Você pode não estar realmente ciente dos benefícios do autocuidado, dos exercícios, de uma boa nutrição, de um sono regulado, do controle do estresse, da oração e de práticas semelhantes. Conhecimento (E ação) é poder.

2. Apoio

É difícil fazer isso sozinho e tudo bem. Isso é normal. Todos nós precisamos de apoio, orientação e incentivo ao longo da vida. O mesmo se aplica à sua saúde. Acredito que todos deveriam ter um coach, mentor ou parceiro para o ajudar a maximizar o seu potencial.

Procure aqueles ao seu redor em quem você pode confiar. Conte a eles a sua história e quais são os seus objetivos. Isso pode te ajudar a se manter responsável e animá-lo quando estiver se sentindo sem motivação. Nunca se sabe, eles podem estar tão motivados por você que queiram iniciar um grupo de conexão.

3. *"É vaidade"*

Ao longo dos anos até os dias atuais, a indústria do setor fitness tem sexualizado a saúde. Muitas pessoas querem ter uma aparência melhor para impressionar os outros (ou a si mesmas), e ganhar uma espécie de confiança e autoestima a partir da imagem corporal.

Mas esse não é o assunto deste livro. Eu gostaria de dizer que sempre há duas maneiras de fazer as coisas. Ambas podem parecer iguais, mas é tudo uma questão de intenção. Onde está o coração, é o que mais importa.

> Mateus 15:18 NVI, *"Mas as coisas [palavras] que saem da boca vêm do coração, e são essas que tornam o homem 'impuro'."*

A saúde é muito mais profunda do que a aparência física. E o que há de bom em cuidar do seu físico? O exterior sempre refletirá o cuidado que você tem por dentro.

Quanto mais você cuida do seu corpo com intenções puras, mais você notará o verdadeiro "você" começando a aparecer.

Isso sempre me lembra da pregação de Jesus: *"buscai em primeiro lugar o Reino de Deus"* (Mateus 6:33).

Primeiro, cuide de si mesmo de dentro para fora, com retidão e pureza, e tudo o que você estiver buscando se concretizará. Não há necessidade de se desgastar.

Ouça, todos nós temos um tipo de corpo específico – a forma como Deus nos criou. Quanto mais você mudar a sua mentalidade em relação à forma como o mundo vê a saúde e a boa forma, e mudar os seus pensamentos negativos, mais você poderá ser realista e satisfeito com o seu corpo, cuidando de si mesmo como um templo de Deus, e não como algo para desonrar.

4. *"Eu não sou bom o bastante/não tenho valor"*

Isso é uma mentira. O diabo é um mentiroso, e o fato de você estar vivo e respirando hoje mostra que você tem um propósito; você talvez apenas precise encontrá-lo.

Se você pensa que ninguém mais acredita em você, eu acredito. Confio que você estará realizando grandes coisas pelo bem do Reino e de outras pessoas, se você se permitir acreditar.

No entanto, você precisa saber que a consistência na vida começa com o autocuidado. Se você se dedicar aos outros sem se dedicar a si mesmo, como poderá dar o melhor de si? Como você pode ser a melhor versão de si mesmo? Perspectiva é tudo.

E você. Tem. Valor.

Acredite em mim, nem sempre é sobre como você se sente. *Às vezes você só precisa andar pela fé e ver os frutos crescerem.*

Devemos começar a ver o potencial de todos refletido na imagem de Deus. É aqui que começa o amor incondicional – um amor por Deus e por outros, porque antes de mais nada, fomos feitos à Sua imagem. Você é um filho ou filha. O seu potencial engloba tudo, e Jesus foi enviado para restaurar isso. Ele amou você primeiro (1 João 4:9).

Você sabe quem você é?

5. *"Eu não tenho tempo"*

Isso até pode ser verdade. Todos experimentamos uma pressão avassaladora do trabalho, das responsabilidades, das tarefas diárias, da família e dos objetivos pessoais, mas é sempre uma questão de prioridade. O tempo sempre será limitado e não poderá ser renovado.

Você deve decidir arranjar tempo,

não importa quão pequeno seja.

Mesmo alguns minutos por dia apenas, ou 10% de esforço, podem produzir grandes resultados a longo prazo quando você trabalha para atingir os seus objetivos. Para maximizar o seu potencial, é tudo uma questão de priorizar e permanecer consistente.

Encontre o seu ritmo para percorrer essa maratona!

6. *"Simplesmente não faz o meu estilo"*

Isso é justo. Tirar dias semanais de SPA, fazer exercícios na academia sete dias por semana, tornar-se um ministro ordenado e preparar refeições orgânicas com seu chef pessoal pode não ser realista. Você pode nem ter interesse. E tudo bem.

Não existe uma rota ou um processo perfeito. Você só precisa encontrar o que gosta e ser real. Você pode fazer o seu melhor com o que Deus lhe deu. O mais bonito é que Deus vai ao seu encontro onde você está, e te entregará mais coisas para administrar quando você puder lidar com isso.

Mateus 25:29 NAA, *"Porque a todo o que tem [e valoriza as bênçãos e dádivas entregues por Deus, e as usa com sabedoria], mais será dado, e [ele será ricamente suprido, e então], terá em abundância; mas ao que não tem [porque ele ignora ou desconsidera as bênçãos e dádivas entregues por Deus], até o que tem lhe será tirado."*

7. *"Preenchendo um vazio"*

Por último, você pode ter certos hábitos em seu estilo de vida, como consumir fast food, acessar as mídias sociais, ingerir álcool ou cafeína, como um preenchimento (eu sei que eu mesmo tenho). Mas deixe-me te encorajar e te lembrar dessa verdade:

Somente Deus irá satisfazer e preencher a sua

insaciável necessidade de amor, plenitude e paz.

Ele está com você e você não está sozinho nessa jornada. Se você pode ter fé para romper a névoa, mesmo que por um momento, e buscar forças em Deus, construir novos hábitos saudáveis e encontrar apoio (para o corpo, mente e espírito), pode proporcionar também a realização que você realmente procura.

> Atos 2:21 NAA, "'*E acontecerá que todo aquele que invocar o nome do Senhor [invocando, adorando e exaltando o Senhor Jesus] será salvo (resgatado espiritualmente).*'"

Não importa o que aconteça, o fundamento da saúde permanece o mesmo. Concentre-se na sua saúde e compreenda isso porque você é importante, você estará na sua melhor versão e se sentirá melhor ao longo desta jornada que chamamos de vida. Não importa quais provações o mundo possa trazer, ou quais oportunidades você tenha para oferecer aos outros, você estará causando um impacto na vida das pessoas e no reino de Deus, onde quer que Ele coloque você.

Então, não acredite nas mentiras.

Este livro é uma filosofia sobre a plenitude; uma filosofia sobre como você pode curar e prevenir o impacto negativo do mundo no seu corpo, na sua mente e no seu espírito. Também é uma solução para te ajudar a avivar o seu espírito e maximizar o potencial dado por Deus que há dentro de você, para que você possa caminhar como um influenciador neste mundo – como um líder, não apenas um seguidor, para a glória de Deus.

Nos próximos sete capítulos, estabeleci uma base saudável e integrada de plenitude e saúde integral para o corpo, a mente e o espírito. Deus quer que você brilhe, e eu quero extrair o ouro que há em você!

Lembre-se, a grandeza de cada pessoa pode parecer diferente, mas cabe a você e à sua perspectiva aproveitar ao máximo o que você tem nesta terra, visando ser a sua melhor versão.

Esta é uma corrida. A sua vida importa. E você foi criado para a grandeza.

1 Coríntios 9:24-27 NAA, *"Vocês não sabem que os que correm no estádio, todos, na verdade, correm [dão o seu melhor para vencer], mas um só leva o prêmio?*

Corram [cada um a sua corrida] de tal maneira que ganhem o prêmio. Todo atleta em tudo se domina [entra em treinamento]; aqueles, para alcançar uma coroa corruptível; nós, porém [treinamos para receber], a incorruptível [coroa que não pode perecer].

Assim corro também eu, não sem meta; assim luto, não como desferindo golpes no ar [como no movimento de shadow boxing]. Mas [como um boxeador] esmurro o meu corpo e o reduzo à escravidão, para que, tendo pregado [o evangelho] a outros, não venha eu mesmo a ser desqualificado [como sendo impróprio para o serviço]."

Reflexão

Considere as 7 razões/mentiras que podem estar impedindo você de construir uma verdadeira base de saúde e bem-estar em sua vida.

Em qual delas você pensa com mais frequência?

Como a sua vida seria diferente se você fosse livre dessa crença/obstáculo?

Capítulo I – O Conceito

"O exercício físico é de pouco proveito; a piedade (exercício espiritual), porém, para tudo é proveitosa, porque tem promessa da vida presente e da futura."

1 Timóteo 4:8 NVI

Em um mundo de dor, doenças e enfermidades, algo precisa mudar. Não podemos mais continuar apenas sobrevivendo. Deve haver uma ação. Deve haver uma mudança. Como Igreja, devemos levar a sério o nosso bem-estar para podermos viver consistentemente na plenitude do plano de Deus para as nossas vidas, realizando tudo o que Ele tem para nós.

O bem-estar não se limita apenas ao seu

corpo físico: ele se expande para a sua mente,

seu emocional e sua vida espiritual.

Isto pode ser melhor explicado através do modelo biopsicossocial, que considera múltiplos aspectos da sua vida como chaves para o bem-estar. Estes incluem fatores biológicos (como a idade), psicológicos (como a saúde mental) e sociológicos (como o ambiente ou o apoio social). Eu também acrescentaria a "saúde espiritual" a esta lista, mas ainda falaremos mais sobre isso.

Repetidamente, as pessoas caem em dores desnecessárias, vícios, depressão, falta de motivação e propósito, mas você foi chamado para a grandeza. Seja lá o que isso pareça para você, como um cristão, você deve partir de um lugar de abundância e descanso para ajudar os necessitados em seu caminho.

Verdadeiramente, você foi chamado para doar.

> Atos 20:35 NAA, *"Em tudo tenho mostrado a vocês [através do exemplo] que, trabalhando assim, é preciso socorrer os necessitados e lembrar das palavras do próprio Senhor Jesus: 'Mais bem-aventurado [e traz uma alegria maior] é dar do que receber.'"*

Mas como você pode realmente dar de forma consistente e com amor, sem primeiro se tornar pleno e completo? De um ponto de vista fundamental e pessoal, quero capacitá-lo a caminhar em plenitude diária, para que você, a Igreja (o Corpo de Cristo), possa estender a mão com amor altruísta e impactar aqueles que precisam e estão ao seu redor.

Os exemplos a seguir estão relacionados à *carne*, ou à sua natureza humana egoísta, e podem te manter em uma caixa, focado em si mesmo, quer você perceba ou não.

Eu os chamo de "distrações".

- Dor
- Doenças
- Enfermidade
- Depressão
- Ansiedade
- Medo
- Obesidade

Agora, gostaria de abordar sobre a "obesidade". Não estou de forma alguma falando daqueles que são naturalmente diferentes do *status quo* de "magreza". Deus criou toda a humanidade com diferentes formas, tamanhos e metabolismos, por isso não deixe ninguém te dizer o contrário.

Isso é uma mentira vinda diretamente do abismo do inferno, e eu amarro e repreendo, em nome de Jesus Cristo, qualquer insegurança ou dúvida em relação à imagem corporal daqueles que estão lendo esta página.

Deus te ama muito. Não acredite em nada contrário a isso.

Romanos 8:38-39 NAA, *"Porque eu estou bem certo [e continuo convencido - acima de qualquer dúvida] de que nem a morte, nem a vida, nem os anjos, nem os principados, nem as coisas do presente, nem do porvir, nem os poderes, nem a altura, nem a profundidade, nem qualquer outra criatura poderá nos separar do [ilimitado] amor de Deus, que está em Cristo Jesus, nosso Senhor.*

Se você está lutando com o seu peso, não entre em acordo com nada mais.

O que me refiro quando menciono obesidade é sobre você comer demais e começar a pesar além do seu peso natural. Esse estilo de vida pode ser prejudicial não só para o corpo físico e a mente (coração, hormônios e saúde mental), mas também para o espírito, pois, se trata de alimentar a "carne" e pode levar a outras distrações mencionadas acima.

Devemos ser extremamente cuidadosos com a linha tênue entre desfrutar da nossa liberdade e a glutonaria (excesso de indulgência), que raramente é discutida na Igreja. Falarei sobre isso mais detalhadamente no Capítulo 4, em Nutrição.

Então, essas sete distrações podem ser comuns ou até "normais", mas como filho ou filha de Deus, você não é chamado para essas coisas (especialmente quando a maioria pode ser evitada). Como parte do corpo de Cristo, você é chamado à saúde, à vida e ao domínio próprio, usando essas coisas para se concentrar nos outros, morrendo para si mesmo e carregando a sua cruz diariamente para seguir a Jesus. Parece quase contraditório, mas é um modo de vida verdadeiramente equilibrado.

> Gênesis 1:26 NAA, *"E Deus disse: 'Façamos (Pai, Filho e Espírito Santo) o ser humano à nossa imagem, conforme a nossa semelhança [não física, mas uma personalidade espiritual e semelhança moral]. Tenha ele domínio sobre os peixes do mar, sobre as aves dos céus, sobre os animais domésticos, sobre toda a terra e sobre todos os animais que rastejam pela terra.'"*

> Lucas 9:23 NAA, *"Jesus dizia a todos: 'Se alguém quer vir após mim [como meu discípulo], negue a si mesmo [deixe de lado os interesses egoístas], dia a dia tome a sua cruz [expressando disposição para suportar o que quer que possa acontecer] e siga-me [acredite em Mim, se apoie em Meu exemplo de vida e, se necessário, sofra ou talvez morra por causa da fé em Mim].'"*

> Lucas 4:18 NAA, *"O ESPÍRITO DO SENHOR ESTÁ SOBRE MIM (o Messias), porque Ele me ungiu para evangelizar os pobres; enviou-me para proclamar libertação (perdão, remissão) AOS CATIVOS, e restauração da vista aos cegos, para pôr em liberdade os oprimidos (subjugados, machucados, esmagados pela tragédia)."*

Jesus liberta aqueles que estão oprimidos. Você não foi chamado para sentar em seu quarto e ser apenas alguém "piedoso". Você foi chamado para sair pelo mundo e causar impacto (Mateus 28:29). A jornada não será fácil, mas quem disse que seria ou que deveria ser? A influência deste mundo está fazendo tudo ao seu alcance para impedir que a sua verdadeira grandeza se manifeste.

A carne, o mundo e o diabo, com toda a sua confusão, distrações e tentações, estão em oposição direta àquilo em que você é chamado a andar – no Espírito (Gálatas 5). Você precisa estar alerta, e fazer tudo para o Reino de Deus (que é justiça, paz e alegria no Espírito) com o máximo de interesse.

Romanos 14:17 NAA, *"Porque o Reino de Deus não é comida nem bebida, mas justiça, paz e alegria no Espírito Santo."*

Por último, o que você precisa entender é que esta vida não é sobre você, e nunca foi. Ame a Deus. Ame outras pessoas. Eu prometo que você encontrará a verdadeira liberdade e alegria, ao tirar o foco de si mesmo.

Gálatas 5:13 NAA, *"Porque vocês, irmãos, foram chamados à liberdade. Mas não usem a liberdade para dar ocasião à carne (mundanismo, egoísmo); pelo contrário, sejam servos uns dos outros, pelo amor."*

João 8:31-32 NAA, *"Então Jesus disse aos judeus que haviam crido nele: 'Se vocês permanecerem na minha palavra [obedecendo continuamente aos Meus ensinamentos e vivendo de acordo com eles], são verdadeiramente meus discípulos, conhecerão a verdade [em relação à salvação], e a verdade os libertará [da penalidade do pecado]."*

Mateus 10:39 NAA, *"Quem acha a sua vida [neste mundo] a perderá [eventualmente através da morte]; e quem perde a vida [neste mundo] por Minha causa, esse a achará [isto é, viverá Comigo por toda a eternidade]."*

Entretanto, você ainda deve se valorizar como um santuário de Deus, conhecer o Seu amor por você e obedecer à Palavra de Deus.

1 Coríntios 3:16 NAA, *"Vocês [a Igreja] não sabem que são santuário de Deus e que o Espírito de Deus habita [permanentemente] em vocês [coletiva e individualmente]?"*

Romanos 8:38-39 NAA, *"Porque eu estou bem certo [e continuo convencido - acima de qualquer dúvida] de que nem a morte, nem a vida, nem os anjos, nem os principados, nem as coisas do presente, nem do porvir, nem os poderes, nem a altura, nem a profundidade, nem qualquer outra criatura poderá nos separar do [ilimitado] amor de Deus, que está em Cristo Jesus, nosso Senhor.*

2 Coríntios 6:16 NVI, *"Que acordo há entre o templo de Deus e os ídolos? Pois somos santuário do Deus vivo. Como disse Deus: 'HABITAREI COM ELES E ENTRE ELES ANDAREI; SEREI O SEU DEUS, E ELES SERÃO O MEU POVO.'"*

Agora você pode estar se perguntando: "tudo bem, então como eu faço para começar a praticar isso?". As páginas a seguir explicarão e orientarão você em cada conceito do *360wellness,* para promover essa forma de plenitude e saúde integral. Acredito que isto é o que constitui uma base sólida para a grandeza em sua vida como um cristão.

Saiba que eu estou com você ao longo desta jornada e só tenho em mente os seus melhores interesses. O que Deus falou diretamente ao meu coração foi: "Cure o Meu Povo". Eu sei que Ele está falando sobre você. A Igreja. O povo de Deus. Os Seus escolhidos.

Há corações quebrados e feridos no Corpo de

Cristo, mas eu declaro restauração.

Não é para ganho pessoal, porque não estou fazendo isso por dinheiro ou atenção, mas é exclusivamente de coração, através do que Deus me ensinou em minha própria jornada (e continua a me ensinar). Já se passaram oito anos desde a primeira visão do ministério *360wellness*, e ela continua evoluindo à medida que Deus guia esta organização com fluidez.

Novamente, o Evangelho é uma mensagem holística e é meu dever integrá-la em tudo o que faço. Acredito de todo o coração que o corpo afeta a mente/espírito e vice-versa, mas raramente aplicamos intenção e mudança a isso.

Esta mentalidade me levou a iniciar um ministério que se concentra na restauração e no avivamento do povo de Deus, e de todos os que irão fazer parte do Corpo. No final das contas, o meu fundamento em tudo isso é a prevenção e a consistência. Hoje em dia, estar focado na prevenção e ser consistente com as nossas ações, é essencial para sermos firmes como cristãos.

Devemos começar a ter ações contra nossos empregos sedentários, mentalidades de resultados rápidos ("mentalidade de micro-ondas"), desejo por comida e bebida, ambientes de alto estresse, egocentrismo e as distrações de dor, doença e enfermidade que o mundo tão facilmente cria.

Continuo chamando essas coisas de "distrações" porque elas podem nos afastar do nosso propósito número um: amar consistentemente a Deus e aos outros.

> Mateus 22:36-39 NAA, *"Mestre, qual é o grande mandamento na Lei? Jesus respondeu: 'AME O SENHOR, SEU DEUS, DE TODO O SEU CORAÇÃO, DE TODA A SUA ALMA E DE TODO O SEU ENTENDIMENTO.'*
>
> *Este é o grande e primeiro mandamento. E o segundo, semelhante a este, é: 'AME O SEU PRÓXIMO COMO VOCÊ AMA A SI MESMO [isto é, buscar altruisticamente o bem maior ou superior para os outros]'.*

É difícil ajudar ou orar por outra pessoa quando você está distraído e lidando com seus próprios "problemas". Você tem que ser perfeito e ter tudo planejado? Claro que não. Mas, em última análise, você não foi chamado para viver esse tipo de vida.

De certa forma, como seres humanos, nós temos algumas bagagens das quais sofremos influência: o ambiente em que crescemos, as ocupações da nossa vida, as inacreditáveis exigências no trabalho e as indústrias de alimentos e bebidas, que estão apenas nos dando aquilo que queremos. Mas aí está o problema — *é o que queremos.*

No entanto, não é inteiramente nossa culpa. De certa forma, nascemos nesse ambiente. Desde o tipo de família em que crescemos até à cultura acelerada em que vivemos hoje, aprendemos a adotar certos hábitos e mentalidades.

Pessoalmente, eu fui criado no Texas. Minha família era pequena e simples, e ensinava a comer toda a comida que sobrava no prato. Desde saborear um sorvete *Blue bell* sempre que pudesse, até tomar uma cerveja e "descontrair", se tivesse idade (ou não) suficiente para isso. Autocontrole e saúde ficaram em segundo plano. Isso era uma cultura.

Isso é uma cultura.

Seu estilo de vida pode parecer diferente para você agora do que era no passado, mas os fundamentos desta cultura mundana são os mesmos. E, infelizmente, não produzem frutos bons e duradouros. Eles não estão centrados em Cristo.

Através da minha própria experiência e trabalhando com pacientes de todas as origens, posso concluir que existe um "caminho melhor".

Você não pode mais carregar esses hábitos ou

relacioná-los a você em uma vida cristã madura.

Repare que mencionei sobre maturidade. Como cristão, você é chamado a considerar o seu corpo como o templo de Deus, agora que hospeda o Espírito Santo (1 Coríntios 3:16-17). Outra parte das Escrituras que tem sido a base para a minha vida e do ministério *360wellness* (embora ela não seja mencionada com frequência na área da saúde ou na Igreja) é:

1 Timóteo 4:8 NVI, *"O exercício físico é de pouco proveito; a piedade (exercício espiritual), porém, para tudo é proveitosa, porque tem promessa da vida presente e da futura."*

Este livro não é apenas sobre agir com maturidade, ao cuidar do seu estado físico e mental. Mas também é sobre cuidar do seu espírito e integrar diariamente a ação da fé em sua caminhada como cristão.

A maioria dos conceitos nas páginas seguintes você já conhece. Eles podem ser levados a uma nova profundidade, mas são usados pela maioria de nós. Há um, no entanto, que é menos comum.

É a integração da saúde e do bem-estar no Corpo de Cristo – *um lugar onde a ciência encontra livremente a fé.*

Com a tecnologia e o avanço atual, devemos ser proativos nos cuidados com a saúde, com o bem-estar e com novas aplicações dentro da Igreja, e isso é algo positivo. À medida que as distrações do mundo e a acessibilidade a essas distrações aumentam, as nossas ações também devem ir "de glória em glória" em todas as áreas da vida.

2 Coríntios 3:17-18 NAA, *"Ora, este Senhor é o Espírito; e onde está o Espírito do Senhor, aí há liberdade [emancipação da escravidão, a verdadeira liberdade]. E todos nós, com o rosto descoberto, contemplando a glória do Senhor, somos transformados, de [um grau de] glória em [cada vez mais] glória, na sua própria imagem, como pelo Senhor, que é o Espírito."*

Você deve começar a pensar e agir de modo diferente para então se diferenciar dos costumes do mundo. À medida que você é continuamente transformado à imagem de Cristo, suas ações diárias precisam se transformar com você, até chegar a um bem-estar saudável e fundamental. Estamos falando da "mente de Cristo".

Isso é administrar bem tudo o que Deus te entregou. Imagine se a Igreja Cristã vivesse com esta convicção: *que eu sou pleno e posso causar o impacto que Deus deseja em minha vida ao cuidar do meu bem-estar*. O verdadeiro bem-estar, de forma consistente, não apenas no corpo físico, mas também na mente e no espírito.

Devemos mudar a nossa "maneira antiga" de fazer as coisas, agindo por pura vontade, até mesmo envergonhando os outros (ou a nós mesmos) por não continuarmos ou permanecermos consistentes. Precisamos de orientação e de uma nova aplicação para caminhar consistentemente na pureza do corpo, da mente e do espírito como cristãos. A influência mundana que nos rodeia não facilita as coisas, por isso eu acredito que, o verdadeiro bem-estar se resume a este tipo de pensamento holístico.

Mateus 26:40-41 NAA, *"E, voltando para os discípulos, achou-os dormindo. E disse a Pedro,*

'Então nem uma hora vocês puderam vigiar comigo? Vigiem e orem, para que não caiam em tentação; o espírito, na verdade, está pronto, mas a carne é fraca.'"

Você não pode mais continuar baseando-se na força de vontade e nas boas intenções se quiser maximizar o seu impacto, dar um bom exemplo e capacitar a vida de outras pessoas neste mundo como Cristo ordenou. Como cristão, você tem o Espírito Santo vivendo dentro de você, mas precisa dar espaço ao Espírito para que Ele se manifeste em sua vida.

Você não deve limitar o poder de Deus. Você não deve limitar o Santo de Israel. Existe uma escolha. Sempre há uma escolha. Deus procura alguém que esteja disposto a fazer o que for necessário, mas encontra poucos.

> Mateus 22:14 NAA, *"Porque muitos são chamados (convidados, convocados), mas poucos são escolhidos."*

Nós nos tornamos disponíveis para mais oportunidades ao criar um templo dedicado a hospedar o Espírito do Senhor, e a viver uma vida de pureza em todas as áreas da nossa vida (restringindo a carne e não desperdiçando a nossa liberdade/poder, veja Gálatas 5:13). Isto é fundamental e essencial para que o Corpo de Cristo atinja todo o seu potencial.

Isso se chama consagração.

> 2 Timóteo 2:20-21 NAA, *"Ora, numa grande casa não há somente utensílios de ouro e de prata; há também de madeira e de barro. Alguns, para honra (nobres, bons); outros, porém, para desonra (ignóbeis, comuns).*
>
> *Assim, pois, se alguém se purificar destes erros [que são desonrosos – desobedientes, pecaminosos], será utensílio para honra, santificado [separado para um propósito especial] e útil ao seu Senhor, estando preparado para toda boa obra."*

Tenho ciência de que, pela leitura das Escrituras, a guerra espiritual está acontecendo ao nosso redor. A última coisa que o inimigo deseja é que você ande vestido com a identidade que Deus lhe deu. Também sei que a carne (natureza pecaminosa) e o mundo (cultura injusta) estão em guerra contra o seu potencial.

Você deve subir de nível como um cristão e começar a agir sobre aquilo que pode controlar. Deus não quer que você seja imaturo ou morno (Apocalipse 3:16). Ele deseja homens e mulheres piedosos que O amem e que aprendam, cresçam e assumam a responsabilidade de cuidar de Seu templo vivo. A Bíblia chama isso de mordomia.

<u>Não se esqueça disso:</u> Não é sobre satisfazer os seus

desejos, mas sobre ser um bom administrador

daquilo que Deus te entregou: a vida.

É um ato de adoração honrar e cuidar daquilo que Deus criou – corpo, mente e espírito.

Romanos 12:1 NAA, *Portanto, irmãos, pelas misericórdias de Deus, peço que ofereçam o seu corpo [dedicando-se totalmente, se separando] como sacrifício vivo, santo e agradável a Deus. Este é o culto racional (lógico, inteligente) de vocês."*

1 Corinthians 3:1-3 NAA, *"Eu, porém, irmãos, não pude falar a vocês como a pessoas espirituais, e sim [apenas] como a pessoas carnais [dominado pela natureza humana], como as crianças [na nova vida] em Cristo. Eu lhes dei leite para beber; não pude alimentá-los com comida sólida, porque vocês ainda não podiam suportar.*

Nem ainda agora podem, porque vocês ainda são carnais [controlados por impulsos comuns, a inclinação pecaminosa]. Porque, se há ciúmes e brigas entre vocês,

*será que isso não mostra que são carnais e andam
segundo os padrões humanos [sem mudanças pela fé]?"*

Você não deve mais, e não precisa, continuar cedendo às concupiscências deste mundo. Excedendo nas mídias sociais e com comidas, enquanto a boa forma física sexualizada, o fácil acesso a bebidas/drogas, os "negócios", o egocentrismo e o estresse do desempenho atrapalham o seu caminho. Eles te afastam de quem você foi realmente chamado para ser, daquilo para o qual você foi criado. Para a *grandeza*.

Por esse motivo, acredito que é necessário aprender a planejar, priorizar e construir novos hábitos saudáveis para todo o seu ser. Agindo intencionalmente em todas as áreas da sua vida, para se manter consistente na sua saúde e no seu caminhar com Deus.

> Romanos 8:10-11 NAA, *"Se, porém, Cristo está em vocês, o corpo [natural], na verdade, está morto por causa do pecado, mas o Espírito é vida, por causa da justiça [que Ele fornece]. Se em vocês habita o Espírito daquele que ressuscitou Jesus dentre os mortos, esse mesmo que ressuscitou Cristo dentre os mortos vivificará também o corpo mortal de vocês, por meio do seu Espírito, que habita em vocês"*

Como você é um equilíbrio entre o físico e o espiritual, minha filosofia é um equilíbrio entre o prático e o bíblico. O Espírito Santo, que vivifica o seu espírito, faz parte do seu bem-estar tanto quanto a sua mente e o seu corpo, nos dando acesso, na verdade, ao autocontrole e a mente de Cristo, que são tão necessários para caminharmos consistentemente neste modo de vida (e não o nosso esforço para mudar).

João 16:7 NAA, "*Mas eu lhes digo a verdade: é melhor para vocês que eu vá, porque, se eu não for, o Consolador (auxiliador, advogado, intercessor – conselheiro, fortalecedor, ajudador) não virá para vocês; mas, se eu for, eu o enviarei (o Espírito Santo) a vocês [para estar em íntima comunhão com vocês].*"

Para ser mais claro, você é transformado de dentro para fora mediante o tempo em que passa com o Senhor, em Sua presença, e por recebê-Lo diariamente (2 Coríntios 3:17). Me refiro a isso como o "descanso verdadeiro" ou o que alguns chamam de "descanso devocional".

No entanto, pode ser uma das coisas mais difíceis de desenvolver constância. Damon Thompson, um avivalista mundial, disse desta forma:

"A coisa mais difícil para a qual você

dirá sim em sua vida é sobre dar fim a

inconstância pessoal e devocional."

É aqui que entra a ação de priorizar a organização, a fé c a força espiritual (vamos nos aprofundar nessas ideias mais adiante no Capítulo 7 – Corpo, Mente e Espírito).

Por fim, apresento a você as chaves do *360wellness* que constituem a base da minha filosofia de plenitude e saúde integral: *Recuperação, Exercício, Nutrição, Mindfulness (Meditação) e Fé.*

Em cada capítulo deste livro, você aprenderá mais sobre cada chave de maneira individual e, ao explorar esses cinco conceitos através das lentes bíblicas, tenho certeza de que você pode e viverá uma vida plena em cada montanha e vale.

Você estará preparado para amar a Deus e aos outros com um coração alegre e movido por propósitos, da maneira que Deus planejou para todos nós.

Vivendo com grandeza.

Os 5-Porquês:

Antes de começarmos, este exercício orientado ajudará a suavizar o seu processo. Também o ajudará a identificar e lembrar o significado mais profundo e pessoal deste livro e como ele se relaciona com você.

Não tenha pressa ao responder cada um deles, começando com o motivo pelo qual você decidiu ler *"Você Foi Criado Para a Grandeza"*. Os porquês a seguir começarão a desmembrar a verdadeira raiz do seu propósito. Que Deus te abençoe e te guie.

Há um espaço para preenchimento na próxima página.

1. *Por que você está lendo este livro?*

2. *Ótima resposta. Por quê?*

3. *Certo, e por que isso é importante para você?*

4. *Por quê?*

5. *Por último, por quê?*

Reflexão

Use o espaço abaixo para responder

o exercício dos 5-Porquês.

Obrigado. Esta é a sua origem, ou convicção central,

e o propósito por trás da escolha de ler este livro!

Capítulo II – Recuperação

*O Senhor é o meu pastor [para me alimentar, me guiar e me proteger];
nada me faltará. Ele me faz repousar em pastos verdejantes. Leva-me
para junto das águas de descanso; refrigera-me a alma (vida). Guia-me
pelas veredas da justiça por amor do seu nome.*

Salmos 23:1-3 NAA

---

*Pergunte a si mesmo: "Eu dou o suficiente para mim mesmo,
para então dar o meu melhor aos outros?"*

Você deve cuidar de si mesmo para conseguir cuidar bem dos
outros. Isso é válido para todas as áreas da vida. Você não pode
dar aquilo que não tem (durante um longo período). Então, se a
resposta para a pergunta acima for "não", este capítulo é para
você.

Há uma linha tênue entre se recuperar de uma lesão ou
esgotamento emocional, e humildemente se render para buscar
ajuda. Já vi Deus usar isso muitas vezes para ensinar e
desacelerar as pessoas (inclusive eu).

Antes de começar a ajudar qualquer pessoa que busca
melhorar o seu desempenho, saúde, condicionamento físico,
dieta e/ou hábitos de estilo de vida, eu incentivo a recuperação
holística como prioridade. É justo dizer que, nove em cada dez
pessoas lidam atualmente com dores, lesões (atuais ou passadas),
sono insatisfatório e estresse no corpo ou na mente, que podem
criar o que chamo de desequilíbrio. Todos nós lidamos

diariamente com coisas que nos afastam de um estado equilibrado de plenitude.

Para permanecer consistente na vida e a partir de um lugar de abundância, você deve construir um equilíbrio interno e holístico de dentro para fora. Reconhecer isso e depois agir de acordo com essa consciência é fundamental para a sua saúde.

Literalmente.

Por favor, reconheça isso: você deve *reservar tempo* para se recuperar e se equilibrar se quiser permanecer consistente em sua caminhada por um longo período. Acredito que esses benefícios incluem, mas não estão limitados a, minimizar as distrações, maximizar o potencial, aproveitar o processo e prevenir o esgotamento, onde quer que Deus te comissione. Às vezes, você só precisa *descansar*.

Ao ler isso, principalmente após o final de 2020, o seu corpo pode estar em um estado crônico de estresse e isolamento, o que pode causar mais de um problema de saúde. Num mundo de lutas e progresso, devemos aprender a desacelerar e confiar em Deus durante as tempestades.

Você já leu o que está escrito em Zacarias 4:6?

> *Ele prosseguiu e me disse: — Esta é a palavra do Senhor a Zorobabel: "Não por força nem por poder, mas pelo meu Espírito", diz o Senhor dos Exércitos. (NAA)*

Como seres humanos, tendemos a escolher o *esforço* em vez do *avanço contínuo*. No entanto, além da aplicação prática, como filho ou filha de Deus, você agora tem alguém que luta por você e pode lhe dar a força necessária em qualquer fraqueza.

2 Coríntios 12:10 NAA, *Por isso, sinto prazer nas fraquezas, nos insultos, nas privações, nas perseguições, nas angústias, por amor de Cristo. Porque, quando sou fraco [na força humana], então é que sou forte [verdadeiramente capaz, verdadeiramente poderoso, verdadeiramente inspirado pela força de Deus].*

A ideia é "permanecer".

Este é o objetivo final: buscar a Deus e a Sua Palavra,

encontrando descanso para o seu espírito - o que acrescentará

descanso para a sua mente, corpo e alma.

Agora, através da minha própria experiência de vida, e com uma vasta gama de clientes, descobri que, quer você seja ativo ou sedentário, deve reservar algum tempo para se equilibrar e se recuperar através do descanso intencional.

O corpo humano é adaptável e inteligente, mas frágil. Ele pode se ajustar à sua carga de trabalho, postura, atividades de lazer, estilo de vida e hábitos diários, mas mais cedo ou mais tarde os desequilíbrios começam a aparecer. É apenas uma questão de tempo, geralmente aparecem na forma de esgotamento, incluindo coisas como dor, lesão, ansiedade e/ou "nódulos" pelo corpo (surpreendentemente, descobriu-se que o nódulo é mais um efeito neurológico do que de fato um "nó" no músculo como as pessoas acreditavam).

Pense em um carro. Quanto mais rápido você vai, mais pressão é colocada no motor, nos amortecedores e nos pneus. Se o carro não estiver alinhado (por exemplo, estiver com desequilíbrios, baixa pressão dos pneus, óleo sujo), você sofrerá desgaste, sem falar no baixo desempenho. Em alguns casos, pode até começar a desmontar. No entanto, *você foi feito para se mover.*

Esta é uma mentalidade 360° graus, na qual eu baseei o ministério *360wellness*. Para ser direto: *você foi feito para se mover, e se mover bem!*

Quero ver você progredir e viver uma vida alegre, equilibrada e sem dor, e isso começa com o fundamento da recuperação. Nas páginas seguintes, apresento cinco maneiras práticas de integrar mais disso em sua vida diária a partir de hoje.

1. Relaxe, vá caminhar

Às vezes pode ser simples. Foi demonstrado que reservar um tempo para desacelerar em uma caminhada de cinco minutos faz maravilhas no controle do estresse e no aumento da recuperação muscular. A redução dos níveis de estresse pode acalmar o sistema nervoso (consequentemente, diminuindo o cortisol) e fazer com que "reiniciemos" no meio do dia, no final de um turno de trabalho estressante ou mesmo ao começarmos bem o nosso dia.

Curiosidade: a liberação de cortisol é uma resposta anti-inflamatória normal e útil. No entanto, se liberado de maneira crônica, pode levar a problemas de saúde, como ganho de peso e aumento da inflamação. Pode até afetar negativamente o sistema imunológico.

2. Terapia direcionada

Muitas pessoas não sabem disso, mas o *360wellness* foi fundado na minha criação de um estilo de fisioterapia: combinando massagem direcionada com alongamento ativo. A palavra-chave aqui é *direcionada*. Ao localizar a área de tensão e dor, você pode recuperar o corpo mais rapidamente, agregando eficiência à sua rotina de recuperação.

Se possível, especialmente ao lidar com dor ou lesão, procure um terapeuta especialista que atue com massagem terapêutica.

Está tudo bem, você pode se cuidar!

Não gosta de massagem? Não cabe dentro do seu orçamento? Não se preocupe, eu consigo entender. Então, quero deixar outra opção e uma ótima ferramenta (não uma solução) – rolos de espuma. Um rolo de espuma libera a tensão muscular, melhorando o fluxo sanguíneo.

Você pode deitar sobre ele, pressioná-lo contra a parede ou usá-lo na posição sentada. Essa liberação é temporária, pois o corpo normalmente volta à sua posição "confortável" (a postura é comumente formada por movimentos repetitivos), mas é um ótimo começo e se tornou parte da rotina de recuperação de muitos atletas.

3. Respire fundo

Apenas cinco respirações profundas por dia podem ser um ótimo começo para reduzir o estresse, diminuir a frequência cardíaca e a pressão arterial, ao mesmo tempo que diminui os níveis de cortisol. Recomendo definir um alarme em seu telefone quando você sabe que seu dia está mais agitado, para se lembrar e ajudar a quebrar o ciclo de estresse. Você pode realizar essa pequena ação diária e colocar em prática para ter um impulso surpreendente ao seu bem-estar.

Experimente isto: "Box Breathing" ou "Respiração em Caixa" é uma ferramenta incrível para desacelerar, respirar profundamente e aumentar a ingestão de oxigênio. Comece inspirando por cinco segundos (pelo nariz), depois segure por cinco segundos, expire por cinco segundos (pela boca) e mantenha na parte inferior por cinco segundos; então repita. Demora um pouco para se acostumar, mas praticar apenas uma única vez pode ser exatamente o que você precisa para reiniciar durante um dia estressante.

4. Movimento é remédio

Poucas pessoas pensam no movimento em si como uma recuperação. Sou grato por tantos grandes mentores em minha vida que me mostraram o caminho. Um deles, Dominick Nusdeu, da Motion Mechanix, me mostrou o valor do movimento como um substituto da massagem terapêutica.

Sim, substituir a massagem pelo movimento. Como eu era massoterapeuta licenciado, tivemos nossas fraternas divergências, mas ele me mostrou uma visão de como o corpo funciona que eu não tinha visto antes. Seu conceito se baseava em criar estabilidade ou força em certas amplitudes de movimento. O objetivo é desafiar a sua mobilidade e encontrar força em uma variedade de movimentos diferentes (o que ele chama de "configurações").

O princípio básico é este: você deve estabilizar a articulação específica associada à dor/tensão com o movimento.

Quando esses exercícios de amplitude de movimento são aplicados ao longo do tempo, a maior parte da rigidez, da dor e da falta de estabilidade nas articulações desaparecem.

Se o seu ombro estiver tenso, estabilize-o. Se seu joelho estiver com dor, estabilize-o. E assim por diante. Repetidamente, tenho visto dor, tensão e "nódulos" serem causados pela instabilidade da articulação (que também afeta a sua postura e força). Se você começar com pequenos movimentos para melhorar a postura e a conexão da área focada, o alívio irá surpreendê-lo. Eu poderia escrever o dia todo sobre isso, mas deixo uma última dica: se você se mover em uma determinada direção e sentir dor/desconforto, pare e tente o mesmo movimento, mas na direção oposta (e mantenha).

Então, por exemplo, se o seu joelho te incomoda ao dobrar, endireite-o e mantenha essa posição por cinco segundos (como um exercício de extensão de joelho). Se a região lombar doer ao se curvar, deite-se e estenda o quadril com um exercício de ponte. Se sentir tensão no pescoço ou dor ao virar para a esquerda, vire lentamente para a direita e mantenha. Esta técnica começará a estabilizar (ou equilibrar) a relação "empurre/puxe" do corpo.

Quer você seja iniciante nos exercícios, ou um especialista experiente, você pode começar a aplicar essa técnica hoje para ter um ótimo início na recuperação. Para ajudar, veja uma opção para você aplicar em sua rotina de aquecimento:

1. *Extensão de Joelho Sentado*
   2 séries de 3 repetições (manter por 5 segundos)

2. *Bridges*
   2 séries de 3 repetições (manter por 5 segundos)

3. *Rotação de Pescoço*
   2 séries de 3 repetições (manter por 5 segundos)

5. *O sono é o rei*

Talvez o fator MAIS importante da recuperação física e mental seja o sono. Pesquisas mostraram que o sono é a técnica de recuperação mais poderosa que você pode oferecer a si mesmo, e é grátis. Louvemos ao Senhor.

Entre *sete e nove horas* de sono é considerado um intervalo saudável. No entanto, um fator igualmente importante é a *qualidade* do sono. Este é um dos meus objetivos pessoais (algo que preciso estar atento diariamente) e outra mentalidade 360° pela qual eu vivo: *Qualidade Acima de Quantidade*. Você pode dormir por horas, mas se não for um sono profundo e de qualidade, você não obterá todos os benefícios da RECUPERAÇÃO.

Então, aqui estão algumas ideias tranquilas para implementar em seu crescente estilo de vida holístico, agradeço ao **Precision Nutrition**, um programa de nutrição e treinamento de estilo de vida de renome mundial.

Embora sejam fornecidas apenas algumas ideias, encorajo você a destacar aquelas que mais se relacionam com você. Em seguida, escolha UMA para focar e aplicar por uma a duas semanas até construir um novo hábito.

Aqui estão minhas seis principais ideias:

- Siga uma rotina para a hora de dormir
    - a mente e o corpo gostam de organização do tempo

- Desligue os aparclhos eletrônicos pelo menos trinta minutos antes de dormir
    - o tempo de exposição na tela pode reduzir a qualidade do sono (melatonina)

- Diário
    - escreva os seus pensamentos, ideias e/ou emoções para ajudar a aliviar sua mente

- **Mantenha o seu quarto escuro**
  - adicione cortinas que bloqueiam totalmente a luz ou experimente uma máscara de dormir para promover um sono profundo ("REM")

- **Exercite-se regularmente**
  - busque separar de vinte a sessenta minutos diariamente. Isso promove um sono reparador e ajuda a administrar a sua energia

- **Adicione cinco minutos de oração à sua rotina para a hora de dormir**
  - passe tempo com Deus e descanse no "lugar secreto" de Sua presença

O Salmo 91 (NVI) é uma das minhas passagens favoritas para ler em voz alta e *descansar* (meditar) antes de dormir. Esta é uma canção do Rei Davi que tinha um relacionamento profundo e pessoal com Deus. Não se preocupe, vamos nos aprofundar nesse tipo específico de "descanso" no Capítulo 7.

> *¹ Aquele que habita no abrigo do Altíssimo*
> *e descansa à sombra do Todo-poderoso*
>
> *² pode dizer ao Senhor: Tu és o meu refúgio*
> *e a minha fortaleza, o meu Deus, em quem confio.*
>
> *³ Ele o livrará do laço do caçador*
> *e do veneno mortal.*
>
> *⁴ Ele o cobrirá com as suas penas,*
> *e sob as suas asas você encontrará refúgio;*
> *a fidelidade dele será o seu escudo protetor.*

*⁵ Você não temerá o pavor da noite,
nem a flecha que voa de dia,*

*⁶ nem a peste que se move sorrateira nas trevas,
nem a praga que devasta ao meio-dia.*

*⁷ Mil poderão cair ao seu lado,
dez mil à sua direita,
mas nada o atingirá.*

*⁸ Você simplesmente olhará,
e verá o castigo dos ímpios.*

⁹ Se você fizer do Altíssimo o seu refúgio,

*¹⁰ nenhum mal o atingirá,
desgraça alguma chegará à sua tenda.*

*¹¹ Porque a seus anjos Ele dará ordens a seu respeito,
para que o protejam em todos os seus caminhos;*

*¹² com as mãos eles o segurarão,
para que você não tropece em alguma pedra.*

*¹³ Você pisará o leão e a cobra;
pisoteará o leão forte e a serpente.*

*¹⁴ "Porque ele me ama, Eu o resgatarei;
Eu o protegerei, pois conhece o Meu nome.*

*¹⁵ Ele clamará a mim, e eu lhe darei resposta,
e na adversidade estarei com ele;
vou livrá-lo e cobri-lo de honra.*

*¹⁶ Vida longa eu lhe darei,
e lhe mostrarei a minha salvação."*

No próximo capítulo, mergulharemos no meu conceito de exercício e em como você pode usar ações simples para mudar a sua vida para melhor.

No entanto, em primeiro lugar, como cristãos, devemos distinguir a Igreja e a nossa mentalidade da forma como o mundo vê a boa forma física e a saúde.

Reflexão

Pense novamente nesta questão: eu dou o suficiente para mim mesmo, para então dar o meu melhor aos outros?

Considere as 5 maneiras práticas de integrar a recuperação ao seu estilo de vida. O que você quer começar a aplicar esta semana?

Qual é a pequena ação que você pode começar a realizar para conseguir alcançar isso?

Capítulo III – Exercício

"E não vivam conforme os padrões deste mundo [não mais com seus valores e costumes superficiais], mas deixem que Deus os transforme [conforme você amadurece espiritualmente] pela renovação da mente, para que possam experimentar [por vocês mesmos] qual é a boa, agradável e perfeita vontade de Deus[em Seu plano e propósito para você]."

Romanos 12:2 NAA

Enquanto crescia, o exercício era algo simples. Para mim, enquanto criança, isso envolvia brincar de pega-pega, esconde-esconde, queimada, e o que mais você quiser. Era fácil e divertido. Não havia obrigações, e não havia uma pressão real para parecer ou ser de determinada maneira.

À medida que crescemos, porém, a ideia de exercício começa a mudar. As coisas mudam. Infelizmente, muito do que os filmes, comerciais, personal trainers, mídias sociais e academias promovem é um tipo de condicionamento físico "sexualizado".

Este estilo de vida não é sustentável ou saudável por vários motivos. Muitos de vocês são tentados a buscar metas irreais, que te preparam para mentiras e decepções. Em vez disso, vamos nos concentrar nisso: Deus ama você, não importa o seu tamanho, a sua forma física ou quão "diferente" você possa se sentir.

Há um significado e propósito muito mais profundo

à vida do que satisfazer a necessidade física

ou a imagem que o mundo reflete.

Todas as outras pessoas podem estar fazendo isso, e até mesmo se esforçando para isso, mas você foi chamado para ser diferente da multidão e não ceder. Você foi chamado a ir tão longe ao ponto de transformar continuamente a sua mente, dando novos exemplos aos outros que são *contraintuitivos* aos caminhos deste mundo.

É importante para nós, como Igreja, compreender que o exercício centrado apenas na nossa imagem não produzirá os bons frutos ou a liberdade que desejamos. Por menor que seja, o inimigo pode usar esse ponto de apoio em sua vida para plantar mentiras e te distrair da sua verdadeira identidade. Esta compreensão é especialmente essencial, uma vez que a indústria *fitness* continua a expandir e a sexualizar este tipo de imagem estereotipada.

Então, quero te chamar de volta ao básico. O exercício, não importa como seja, é importante para uma vida saudável. Vamos revisar a definição.

Segundo o Dicionário Oxford, *exercício é "um processo ou atividade realizada para um propósito específico, especialmente relacionado a uma área ou habilidade específica."*

Eu amo essa definição porque, independentemente dos detalhes, você está agindo para um *propósito*. Alguns podem definir isso como ser intencional. Saúde consistente tem tudo a ver com intencionalidade, e eu realmente acredito que você foi criado para ter uma vida ativa! O corpo é muito mais capaz do que você imagina, por isso encorajo você a se divertir e explorar esse potencial. Junto com isso, existem centenas de benefícios nos exercícios.

Aqui estão apenas alguns que, para mim, se destacam:

1. Melhora a circulação
2. Aumenta a densidade óssea
3. Pode prevenir a depressão/ansiedade
4. Desafia a sua zona de conforto (aumenta a resistência mental)
5. Produz mais energia diariamente e um sono de qualidade

Quanto mais você se movimentar, maiores serão as chances de viver uma vida vigorosa, feliz, longa e saudável. Com fatores que vão desde alívio do estresse, controle de peso e controle da dor, tenho visto o movimento melhorar a qualidade de vida de jovens a idosos.

Mentalidade 360:

"Movimento é Remédio"

Através do meu trabalho com muitos clientes que lidam com a dor, tenho visto os benefícios da cura através do movimento. Novamente, pode parecer contraintuitivo, mas permanecer ativo é a única coisa que supera outras técnicas passivas de reabilitação e prevenção. É eficaz e pode ser gratuito. Tudo que você deve fazer é começar a se mover, com *intencionalidade.*

Pense em uma criança em desenvolvimento: moldável, ávida e disposta a experimentar coisas novas. Não importa que tipo de exercício você prefira, encorajo você a manter essa simplicidade em mente e começar pelo básico.

Lembre-se, "*o treinamento físico importa*", então vamos aplicá-lo com pureza em nossas vidas; um pouco pode ajudar muito, se permita concentrar nas áreas mais valiosas da sua vida, sem se deixar desviar (mais sobre isso no Capítulo 6 - Fé).

"Tudo bem, mas como isso funciona?", você pode perguntar.

Aqui estão alguns exemplos que eu compartilharia com os meus clientes pessoais:

1. Organize uma rotina de caminhada

Seja em ambientes fechados, em uma trilha de caminhada ou no seu próprio bairro, defina um dia e horário em sua programação semanal. Comece aos poucos, com cinco minutos, e observe a evolução de um novo hábito.

É sobre construir uma rotina consistente como um alicerce para o seu bem-estar. Você pode ser criativo: tem pouco tempo? Programe os seus objetivos e use a caminhada como um momento devocional entre você e Deus. Ele merece e deseja ter comunhão com você diariamente.

2. Participe de um esporte coletivo

Um time de futebol, softebol, tênis, basquete, vôlei – as opções são infinitas. Construir uma comunidade em torno da sua atividade ajuda na consistência e no apoio a longo prazo!

Você foi construído para viver em comunidade.

3. Adicione um hobby ativo

Escolher um novo hobby, como andar de bicicleta, fazer caminhadas, nadar, jogar golfe ou kickboxing, é uma ótima maneira de se manter em movimento. Quanto mais você estiver ao ar livre e respirando ar fresco, melhor será. Isso pode ajudar a dissipar o estresse e permitir que você esteja "presente no momento".

4. Terapia de Movimento™

Este é um termo que criei e implementei em minhas sessões com os clientes. Pode ser uma forma de "ioga" intencional, reabilitação, exercício corretivo ou alongamento ativo que pode levar você a prevenir dores e lesões e, ao mesmo tempo, melhorar a sua mobilidade.

A Terapia do Movimento inclui movimentos específicos e personalizados para desacelerar e a movimentar o seu corpo de novas maneiras, liberando a tensão e o estresse, enquanto ativa músculos importantes. Poderia ser tão simples quanto criar uma pequena rotina de alongamento ativo que você possa aplicar diariamente em sua vida.

Se você se sente bem nesta área, fique à vontade para pular para o próximo ponto, mas aqui estão alguns movimentos que promovem uma mobilidade saudável:

<u>Levantamento com as pernas retas</u>: é ótimo para a liberação dos isquiotibiais, ativação do core e proteção da região lombar. Comece deitado em decúbito dorsal com os dois joelhos dobrados. Em seguida, você estica uma perna, e levante-a até a amplitude máxima de movimento e depois abaixa-a até o chão.

Faça algumas repetições, cerca de dez, e depois troque a perna. Durante esse movimento, concentre-se na respiração e mantenha a perna que está ativa reta, para ativar o quadríceps (coxa) e o core, permitindo que os isquiotibiais relaxem. Dez repetições de duas séries em cada perna seriam um ótimo começo. Se você estiver sentindo dor lombar, combine isso com o exercício de ponte.

<u>Rotação do Tronco Sentado + Extensão</u>: é ótimo para o meio das costas, ombros e pescoço. Comece sentado na cadeira e pratique girar para a esquerda e para a direita (o máximo que puder) com os braços cruzados sobre o peito. Fique atento à sua respiração. Após atingir a rotação completa para um lado, alongue-se lentamente (como se estivesse fazendo uma trituração) e, enquanto permanece virado, ative as costas estendendo-se para cima, depois volte à posição original.

Repita em ambos os lados por algumas vezes. Cinco repetições de duas séries de cada lado seriam um ótimo começo. *Teste novamente cada lado no final para ver se você melhorou a sua mobilidade!*

<u>Flexão Lateral do Tronco Sentado:</u> este é um dos meus favoritos e ótimo para quem tem dores na região lombar ou no meio das costas. Você começará sentado na posição de uma cadeira. Cruze os braços sobre o peito e expire lentamente enquanto faz movimentos para o lado oposto da dor algumas vezes (para ambos os lados, se não houver dor).

Certifique-se de prestar bastante atenção e de se movimentar devagar. Apenas cinco repetições de duas séries podem produzir resultados benéficos.

5. Construa uma rotina de treinamento de resistência

O exercício com pesos traz muitos benefícios, como melhora da densidade óssea, do humor e da massa muscular. À medida que envelhecemos, a densidade óssea e a massa muscular tornam-se mais valiosas para uma vida longa e cheia de vitalidade. O treinamento de resistência é um padrão ouro, mas escolha o que você gosta.

Não se esqueça de que cada pessoa é diferente, você não precisa fazer o que os outros fazem ou se inscrever em uma academia para se manter ativo. Particularmente, eu gosto de exercícios com peso corporal, faixas de resistência e pesos livres – como kettlebells.

Aqui está um exemplo de uma rotina de treinamento em circuito que eu criaria para os meus clientes com o objetivo de aumentar a eficiência e prevenir lesões. Esse circuito abrange uma abordagem do corpo inteiro, então se mantenha atento à postura e aos exercícios de equilíbrio para promover a mobilidade e o bem-estar (não apenas mais um treino "matador").

Se você não conhece algum dos exercícios, use o mecanismo de busca que você mais gosta, como o Google, para ajudar.

Eu chamo isso de Treinamento Corretivo em Circuito™

1. *Remada com Faixa Elástica de Resistência - doze repetições*
2. *Agachamento com Peso – doze repetições*
3. *Prancha Isométrica - trinta segundos*
4. *Agachamento Aéreo – trinta repetições*

Procure completar quatro rodadas, com descanso mínimo. Desafie-se, seja criativo e divirta-se em quinze minutos ou menos! Se você fizer este treino, poste sobre ele no Instagram e marque o perfil @360wellness para compartilhar. #YWCFG

E assim, quero encorajar você a explorar algo novo dentre esses cinco exemplos que dei acima, e a escrever algumas maneiras de como aplicar cada um deles em sua vida a partir de hoje. Todo dia é um novo dia. Você tem muito o que aproveitar e agradecer, incluindo a liberdade de se mover.

Este é um convite à *gratidão*.

Somente de Deus, você receberá mais um

dia para respirar, se movimentar e aproveitar

a vida com outras pessoas.

Você deve se lembrar da humildade em tudo isso. Agradecer por mais um dia é muito útil, e dar um passeio para lembrar o seu propósito, é melhor que se estressar com a sua imagem ou com a opinião dos outros. *Não se esqueça, quando você cuida do seu interior, o exterior irá refletir.*

A cultura de hoje está implorando para que você se entregue à autoconsciência e ao ego. Não acredite nas mentiras. Você deve se afastar desses pensamentos negativos e receber diariamente o amor de Deus por você. Ele é o que mais importa. Não é o nosso "tanquinho", a quantidade de curtidas que recebemos nas redes sociais, ou mesmo com quem namoramos, ou nos casamos. Nenhuma dessas coisas jamais irá superar a verdade do Seu amor abundante.

Romanos 8:38-39 NAA, *"Porque eu estou bem certo [e continuo convencido - acima de qualquer dúvida] de que nem a morte, nem a vida, nem os anjos, nem os principados, nem as coisas do presente, nem do porvir, nem os poderes, nem a altura, nem a profundidade, nem qualquer outra criatura poderá nos separar do [ilimitado] amor de Deus, que está em Cristo Jesus, nosso Senhor.*

Por outro lado, honrando o seu corpo e cuidando dele para promover a saúde e o bem-estar, você pode reverter e prevenir muitas formas de dor, doenças e enfermidades. Sem mencionar que você pode viver uma vida mais feliz e capacitada para Deus e para os outros.

Estou convencido de que na maior parte do mundo atualmente, com todo o "luxo" (em comparação com os países do terceiro mundo) e a atividade limitada nos nossos empregos ou na escola, nós devemos ser constantemente proativos com a nossa saúde, e pelas razões certas. Você tem hoje a oportunidade de responder, não apenas de ouvir. Nos Estados Unidos e em todo o mundo, um estilo de vida sedentário só se tornará mais comum à medida que a tecnologia aumentar.

Se você não criar hábitos saudáveis nas atividades físicas agora, poderá pagar um preço muito maior mais tarde. Você não pode mais confiar em seus trabalhos ou na lista de tarefas diárias para garantir força e longevidade, como fizeram os seus ancestrais. Os cristãos devem ser exemplos de perseverança e disciplina em todas as áreas de nossa vida. Isto é "mente sobre a matéria. E a matéria sobre a mente." A maneira como você lida e desafia o seu eu físico afeta sua mente/espírito e vice-versa.

> 2 Timóteo 1:7 NAA, *"Porque Deus não nos deu espírito de covardia [ou timidez, ou medo], mas [Ele nos deu um espírito] de poder, de amor e de moderação [com capacidade para julgar corretamente e disciplina pessoal, habilidades que resultam em uma mente calma e bem equilibrada, e autocontrole]."*

Por último, o conceito de resistência mental está em meu coração. A arte do exercício físico pode ser usada como uma ferramenta para desenvolver força mental e autodisciplina. Há verdade nisso e, à medida que o mundo se entrega ao "fácil", seria sensato desafiar a sua zona de conforto e resistir à tentação da preguiça, até mesmo da "procrastinação".

Provérbios 6:9 NVI, *"Até quando você vai ficar deitado, preguiçoso? Quando se levantará de seu sono[e aprenderá a autodisciplina]?"*

Há um ditado que diz: "Se você não cresce, você está morrendo". Como um cristão, você deve desafiar o seu corpo, a sua mente e o seu espírito para garantir o crescimento necessário para ser a sua melhor versão; para se sentir vivo!

Desconforto é o que

constrói grandeza.

Você não cresce estando confortável e não consegue um diamante sem um pouco de pressão. Seja qual for a maneira como você queira encarar as coisas, dê um passo atrás e considere como você pode aplicar os exercícios físicos para começar a desafiar a sua zona de conforto hoje mesmo. Isso pode parecer apenas "mais trabalho" no início, mas acredite em mim, isso só irá te edificar e te fortalecer a longo prazo.

Os cristãos deveriam ser algumas das pessoas mais saudáveis do planeta, dando um exemplo do que seja bcm-cstar para o mundo. Imagine se você caminhasse pela sua vida com uma intenção ativa, se desafiando diariamente em todas as áreas da vida, enquanto se mantém forte (física e mentalmente) para amar e impactar a vida das pessoas ao seu redor.

Você consegue se imaginar agora?

Tire um momento para pensar. O que isso pareceria para você? E se você vivesse para ser um doador e uma base sólida para os necessitados, mesmo na velhice? O exercício pode ser atribuído a uma pequena parte desta equação, mas ainda é uma parte. Não negligencie o seu corpo. Você só recebe um.

Não sei para quem será isso, mas é difícil e eu entendo. A vida pode ter sido dura com você, mas não deixe que a desculpa de negar a carne o capacite a negligenciar o templo de Deus (que é você mesmo).

Há uma diferença entre cuidar do corpo que Deus lhe deu e negar a si mesmo. Pode ser uma linha tênue, mas você deve reconhecer isto: nós, como Igreja, não podemos mais continuar permitindo que a dor, enfermidades, doenças e coisas do gênero ocorram apenas porque não fomos bons administradores do nosso próprio corpo. Às vezes não é uma guerra espiritual, é só você. Todos nós somos capazes de nos tornar nosso pior inimigo às vezes.

Então, eu quero desafiar você agora. Utilize o seu tempo hoje, comece sua nova temporada e continue avançando para crescer em todo o potencial que Deus te entregou. Você pode começar com uma prática simples, como planejar e "arranjar tempo" para aquele treino de cinco minutos, organizar a sua saúde como prioridade ou fazer um esforço extra para cuidar de alguém necessitado (mesmo quando você está ocupado).

No próximo capítulo, você descobrirá como poderá obter maior controle sobre o seu estilo de vida, continuar a prevenir problemas de saúde e fazer escolhas conscientes, sábias e autocontroladas para alcançar a sua melhor versão. E isso começa com o poder da *nutrição*.

Reflexão

*Como a sua vida mudaria se você começasse o
desafio de praticar exercícios físicos de maneira intencional?*

*Como você poderia começar a estabelecer HOJE uma
base ativa e saudável para o seu novo estilo de vida?*

*Quais são os motivos pelos quais você gostaria
de ser lembrado, se você vivesse até os 100 anos?*

Capítulo IV – Nutrição

*"Sejam sóbrios [bem equilibrados e autodisciplinados] e vigiem
[estejam alerta e sejam cautelosos em todos os momentos]. O
diabo, o inimigo de vocês, anda ao redor como leão [violentamente
faminto], rugindo e procurando a quem possa devorar."*

1 Pedro 5:8 NVI

A nutrição é a base de tudo. Para o seu eu físico, mental e
espiritual, uma boa nutrição fortalece e orienta a sua saúde e
transformação. Deixe-me explicar.

Se você pensa em comer e satisfazer o seu corpo (carne),
esses pensamentos andarão de mãos dadas. Essa é a nossa ação
mais básica e primitiva. O que você consome e por que você
consome é importante.

No entanto, muitas vezes é a única coisa que os cristãos,
pastores e missionários "deixam de lado" ou ignoram. Já vi isso
diversas vezes, até mesmo experimentei isso pessoalmente —
especialmente em viagens missionárias. Temos a tendência de
nos sentirmos confortáveis ao "fazer tudo certo" enquanto
deixamos nossa dieta sofrer porque "merecemos" ou pensamos:
"o que há de errado com isso (quando há graça)?".

Acredito que estamos perdendo uma *oportunidade* poderosa
nessa área.

Muitos de nós conhecemos o poder do jejum em nossa vida de
oração, e o efeito positivo que essa prática tem em nossa
caminhada como cristãos. Após jejuar, porém, tendemos a voltar
a viver como vivíamos antes. É normal. Entretanto, é sobre este
modo de vida inconsistente que eu quero desafiar você a pensar
por um instante.

E se você deixasse de lado os seus desejos e negasse alguns hábitos alimentares e consumo de bebidas, que prejudicam constantemente o seu potencial espiritual, mental e físico?

Ao fazer isso, acredito que os benefícios holísticos do "jejum" poderiam ser experimentados de uma forma mais contínua e duradoura. Ou talvez, você nunca tenha praticado jejum antes. Independente da sua realidade, gostaria de apresentar uma nova maneira de pensar.

Quando você desacelera e prioriza uma

nutrição saudável, a sua vida muda.

Quer você seja um estudante, um executivo de negócios, uma mãe que trabalha fora, um pastor ou missionário, um especialista em nutrição ou uma combinação de todas essas funções, os hábitos saudáveis ajudam muito a promover não apenas a vitalidade do seu corpo e mente, mas também do seu espírito.

Alguém poderia dizer: "vitalidade espiritual?"

Eu penso na alimentação saudável, principalmente, como uma prática de autocontrole e autocuidado. Aplicá-la como uma prática espiritual à sua dieta, alimenta tanto o seu estilo de vida diário, como o seu relacionamento com Deus (sem trocadilhos).

Não é que o jejum ou a abnegação nos aproxime mais de Deus, mas através dessa prática, eliminamos as distrações ou a "estagnação" da carne. Pois, a carne e o Espírito estão em oposição.

Gálatas 5:17 NVI, *"Pois a carne deseja o que é contrário ao Espírito; e o Espírito [deseja], o que é contrário à carne. Eles [dois, a natureza pecaminosa e o Espírito] estão em conflito [contínuo] um com o outro, de modo que vocês [como cristãos] não fazem [sempre] o que desejam."*

Quando você alimenta constantemente (de maneira literal) todos os desejos e necessidades da carne, isso pode se infiltrar em outras áreas da sua vida. O pecado sempre começa sutil. Devemos permanecer "vigilantes e cautelosos" (1 Pedro 5:8) para viver uma vida de pureza e consistência para o Reino.

Cristo foi enviado para restaurar o seu espírito, por que desperdiçar o sacrifício?

Romanos 8:3-4 NAA, *"Porque aquilo que a lei não podia fazer [isto é, vencer o pecado e remover a sua penalidade, o seu poder], por causa da fraqueza da carne [a natureza do homem sem o Espírito Santo], isso Deus fez, enviando o seu próprio Filho em semelhança de carne pecaminosa e no que diz respeito ao pecado.*

E assim Deus condenou o pecado na carne [o subjugou e o venceu na pessoa de Seu próprio Filho], a fim de que a exigência [reta e justa] da lei se cumprisse em nós, que não vivemos segundo a carne [guiados pelo mundanismo e pela nossa natureza pecaminosa], mas [vivemos nossas vidas] segundo o Espírito [guiados pelo Seu poder]."

Por favor, faça uma pausa e preste atenção. Na prática, por exemplo, o açúcar ou os "alimentos ultraprocessados" (por exemplo, salgadinhos/salgados) são conhecidos por serem "viciantes", quase "irresistíveis" por definição – ou pelo menos podem ter uma influência no seu comportamento (por meio da dopamina, serotonina, entre outros).

Uma pequena quantidade de influência vai além do que você imagina. E independente da escolha, essa influência (ou efeito) muda a maneira como você pensa e, portanto, muda a maneira como você age.

Em 2016, durante um período que passei em oração com Deus, tive uma revelação enquanto eu mesmo lutava contra alguns hábitos alimentares e também contra a depressão.

"Se tudo é uma escolha, inclusive amar a Deus,

então comer alimentos que limitam as nossas escolhas,

provavelmente não é uma boa ideia."

Leia isso mais uma vez.

O amor é uma escolha. As Escrituras sempre nos chamam à ação. Existe graça, mas Deus quer que você dê um passo de fé. Mesmo quando você tenta dar o seu melhor (o que nunca será suficiente), a graça do Senhor o alcança, preenchendo o que você nunca poderia preencher, porque Ele te ama. Isso é relacionamento. Isto é amor incondicional.

Mateus 22:37 NAA, *"Jesus respondeu: 'Ame o Senhor, seu Deus, de todo o seu coração, de toda a sua alma e de todo o seu entendimento.'"*

1 Coríntios 8:3 NAA, *"Mas, se alguém ama a Deus [com reverência e temor, obediência e gratidão], esse é conhecido por ele [como alguém que pertence a Ele e é muito amado]."*

1 João 4:21 NAA, *"E o mandamento que dEle temos é este: quem ama a Deus, que ame também [de maneira altruísta] o seu irmão."*

1 João 5:2 NAA, *"Nisto sabemos [sem nenhuma dúvida] que amamos os filhos de Deus: quando amamos [e expressamos esse amor] a Deus e praticamos os Seus mandamentos."*

Todos esses versículos mencionam o amor como um verbo.

Agora, para continuar a minha história. Enquanto trabalhava como personal trainer e massoterapeuta esportivo, fiquei surpreso ao ver como a comida poderia impactar o comportamento cotidiano. Embora eu estivesse apenas começando minha jornada nos negócios, e o meu relacionamento com Deus estivesse se aprofundando, tive revelações contínuas que ramificaram esse tema: "açúcar".

Como mencionei anteriormente, eu estava com depressão, passando por altos e baixos, juntamente com algumas estações de más escolhas alimentares e de estilo de vida. Eu simplesmente não estava com os meus pensamentos em ordem ou pensando de maneira consistente. Eu sabia que a fonte daquilo não era eu, e que não partia de Deus.

Como sabemos pelas Escrituras, podemos estar lutando contra a guerra espiritual (forças demoníacas), contra a nossa carne (desejos naturais) e contra o mundo (cultura pecaminosa). Este foi um daqueles momentos em que pude sentir que era uma combinação de todos esses itens. Minha carne estava me atrapalhando, e senti que o inimigo estava usando aquilo contra mim, enquanto eu buscava genuinamente a Deus.

Existem muitas táticas que o inimigo pode usar contra você e que raramente parecem "demoníacas", mas você não deve esquecer que o diabo é sutil e astuto. Se ele não consegue vencer você, com certeza, ele poderá tentar confundir e atacar a sua mente. Esta é uma das razões pelas quais sou tão apaixonado por nutrição. Vejo muitas das batalhas mentais pelas quais as pessoas passam hoje sendo causadas por uma dieta e estilo de vida inadequados, mas ainda assim as chamamos de "problemas de saúde mental" e recebemos medicamentos prescritos ou tentamos nos acalmar com hábitos mais tóxicos (como excesso de álcool, drogas, e até mesmo a pornografia).

Este não é o caminho.

E assim, daquele ponto em diante, me senti impulsionado a jejuar. Não apenas qualquer jejum, mas aquele que eliminou comidas e bebidas comuns e satisfatórias. Pelo meu conhecimento e formação científica, você poderia dizer que todas essas coisas liberam altos níveis de "dopamina".

O que é *dopamina*?

Uma citação do <u>Into Action Recovery Center</u> descreve a dopamina como *"uma das substâncias químicas encontradas em nosso cérebro que fazem com que nos 'sintamos bem'. Interagindo com o centro do prazer e recompensa do nosso cérebro, a dopamina – juntamente com outras substâncias químicas como a serotonina, a oxitocina e a endorfina – desempenha um papel vital na forma como nos sentimos felizes. Além de afetar o nosso humor, a dopamina também influencia o movimento, a memória e o foco. Níveis saudáveis de dopamina nos levam a procurar e repetir atividades que nos proporcionam prazer, enquanto níveis mais baixos podem ter um impacto físico e psicológico adverso."*

Eles prosseguem dizendo: *"O desequilíbrio dessas substâncias químicas impactam o nosso comportamento e qualidade de vida, e podem criar uma grande quantidade de problemas de saúde"*, incluindo a lista abaixo:

- Ansiedade
- Vícios
- Distúrbios comportamentais
- Distúrbios cognitivos
- Doenças (como a doença de Parkinson)
- Fadiga
- Desequilíbrios hormonais
- Transtornos de Humor
- Obesidade
- Dor

Aqui é onde a ciência e a fé se encontram. Deus não é bom?

Há algumas coisas na Bíblia que parecem "limitar" o nosso estilo de vida ou a nossa felicidade, mas, na verdade, podem ser destinadas para o nosso próprio bem, quer percebamos ou não. Após fazer minha pesquisa, comecei a escrever uma lista de tudo o que pode influenciar você neste caminho de forma prejudicial.

Eu listei esses sete:

- Açúcar Adicionado
- Fumar/Drogas
- Mídia social
- Alimentos Altamente Processados
- Cafeína
- Atividade Sexual
- Álcool

Esses sete se destacaram para mim como os fatores mais comuns e influentes com os quais lidamos hoje. Então, uma semana após escrever sobre essas coisas em meu caderno, algo aconteceu. Enquanto estava orando, ouvi o Senhor falar ao meu coração (sempre descrevo receber uma palavra de Deus como um "pensamento predominante"):

"Quero que você jejue dessas coisas até domingo, dia 19."

(Palavra-chave de domingo)

Reagi pensando: "Ah, semana passada foi dia 19. Isso não veio de Deus."

Sim, a semana que passou foi dia 19. E parecia que Deus queria que eu jejuasse dessas coisas por três semanas inteiras. Verifiquei o calendário e, com certeza, o dia 19 do mês seguinte cairia em um domingo (eram exatamente vinte e um dias) para solidificar o meu pensamento.

Loucura? Bom, Deus conhece o seu coração e pode falar com ele. Às vezes você só precisa ficar quieto, e *ouvir*.

Concluí que sempre que há uma mudança ou transição importante em minha vida, ou em torno dela, Deus me incentiva a jejuar. Pode ser por razões invisíveis, mas também sei, por experiência própria, que isso aumenta a minha sensibilidade para com Ele, limitando a minha carne, que pode atrapalhar. Os Seus caminhos são sempre mais elevados que os meus.

Isaías 55:8-9 NAA, *"'Porque os meus pensamentos não são os pensamentos de vocês, e os caminhos de vocês não são os meus caminhos', diz o Senhor. 'Porque, assim como os céus são mais altos do que a terra, assim os meus caminhos são mais altos do que os seus caminhos, e os meus pensamentos são mais altos do que os pensamentos de vocês.'"*

O resultado:

O jejum limpa seu corpo, mente e alma,

limitando a carne e empoderando o Espírito.

Sempre sinto e ouço Deus com mais clareza durante o tempo de jejum, e ouço o mesmo de outras pessoas. E então, lá estava eu. Obedecer, basicamente, me deixou apenas com água, alimentos integrais e a Bíblia (não recomendo comer a sua Bíblia).

Acredite em mim, os primeiros dias não foram fáceis (e quero dizer, não são fáceis), mas depois disso algo se abriu. É incrível o controle que esses fatores podem ter sobre a nossa vida, mas raramente percebemos isso.

Durante o meu jejum, experimentei um aumento na clareza, foco, energia, motivação e autocontrole. Nunca me senti tão bem! Deus estava me mostrando os efeitos poderosos que uma dieta e um estilo de vida saudável poderiam exercer sobre a minha vida e, por sua vez, sobre a vida daqueles que estavam ao meu redor.

Ele quer que brilhemos intensamente. Por isso, quero compartilhar esse segredo com você. Eu chamo isso de: **Redefinição de Dopamina em 21 dias**. Como mencionado acima, você cortará esses alimentos, bebidas e/ou hábitos prazerosos por vinte e um dias (prepare-se para a diversão!).

Confie em mim, você não vai se arrepender. Isso pode ser usado como uma reinicialização anual para o seu corpo, mente e espírito, ou como uma mudança consistente no estilo de vida que você criará para se desenvolver no Espírito e na vida – seja o que for que ela traga para você.

A lista oficial é a seguinte:

1. Açúcar adicionado (todos os tipos, por exemplo, mel, branco, orgânico)
2. Tabagismo/drogas (cigarros, maconha, etc.)
3. Redes Sociais (Facebook, Instagram, Twitter, etc.)
4. Alimentos Processados (pão, queijo, batatas fritas)
5. Cafeína (café, chá-verde, etc.)
6. Atividade Sexual
7. Álcool

Se você acha que cortar de uma vez tudo o que tem influência sobre a sua vida é demais para lidar, eu entendo. Eu recomendo que você faça uma mudança rápida para obter melhores resultados, mas escolher uma área para focar e construir a partir daí também funciona.

Gosto de dizer que não adianta ter um programa perfeito se ninguém o segue. Nesse caso, eu o encorajaria a começar com a escolha mais fácil e trabalhar em direção à mais desafiadora, até que todas as opções aplicáveis sejam negadas. Isso permitirá que você crie impulso e hábitos saudáveis que, esperançosamente, durarão quando os vinte e um dias terminarem.

Você pode não se encaixar em todas essas sete áreas, então, se alguma não se aplica a você, ótimo! Não importa quantos fatores você escolha, trabalhe por vinte e um dias e permita-se reiniciar e descansar de tudo o que o mundo o induz a fazer.

Seu corpo, mente e espírito agradecerão, e eu acredito que Deus recompensará a sua fidelidade nesta temporada. *Permaneça Nele durante este tempo e você não falhará.*

Sim, não será fácil e a carne é fraca, mas se este jejum parecer a escolha certa para você, te encorajo a orar. Peça a Deus a força e a graça necessárias durante este tempo. Você deve lembrar que, em sua fraqueza, Ele é forte, e não é pela sua própria força, mas pelo Seu Espírito.

> Zacarias 4:6 NAA, *"Ele prosseguiu e me disse: "Esta [fornecimento contínuo de óleo] é a palavra do Senhor a Zorobabel [príncipe de Judá]: 'Não por força nem por poder, mas pelo meu Espírito [de quem o óleo é um símbolo]', diz o Senhor dos Exércitos."*

> 2 Coríntios 12:10 NAA, *Por isso, sinto prazer nas fraquezas, nos insultos, nas privações, nas perseguições, nas angústias, por amor de Cristo. Porque, quando sou fraco [na força humana], então é que sou forte [verdadeiramente capaz, verdadeiramente poderoso, verdadeiramente inspirado pela força de Deus].*

O principal objetivo deste jejum é ajudá-lo a redefinir e retomar o controle de seus pensamentos, ações e emoções que podem ter sido afetados pela má nutrição, pelas redes sociais e por outros comportamentos. Isso é diferente do jejum integral, no qual você se abstém de comer por alguns dias. Esta prática destina-se a ser integrada na sua vida diária, aumentando o seu autocontrole e disciplina, ao mesmo tempo que se entrega a Deus como um ato de adoração (negando a carne).

Romanos 12:1 NAA, *Portanto, irmãos, pelas misericórdias de Deus, peço que ofereçam o seu corpo [dedicando-se totalmente, se separando] como sacrifício vivo, santo e agradável a Deus. Este é o culto racional (lógico, inteligente) de vocês."*

É aqui que o corpo, a mente e o espírito se

cruzam, pois um afeta realmente o outro.

A partir daí, você pode fazer a transição mais facilmente para um estilo de vida consistentemente saudável e com menos desejos, optando por administrar a sua dieta da maneira que desejar, maximizando assim a sua saúde a longo prazo. Além disso, experimentará maior energia e foco e terá uma visão mais positiva da vida! Se estiver procurando mais suporte ou orientação sobre esta prática, visite:

https://linktr.ee/360wellness

Há um último fator que gostaria de discutir especificamente: a *cafeína*. O café é uma das principais bebidas do mundo que nos faz continuar em movimento. "Isso mantém o mundo girando", você pode dizer.

No entanto, ao longo da minha experiência pessoal com a **Redefinição de 21 Dias**, fiquei surpreso ao ver o quanto dependia do café para obter energia. De manhã, ou à tarde, fazia parte da minha rotina diária. Quando parei com isso, comecei a sentir abstinência, como um viciado experimentaria ao remover a droga de sua escolha.

Dores de cabeça, depressão, falta de motivação, confusão mental, irritação e coisas do gênero se seguiram enquanto eliminava a cafeína da minha vida. É assim que deveria ser?

Eu desafio o seu pensamento hoje. A cafeína tem alguns benefícios? Claro. Eu vejo isso como uma ferramenta. No entanto, ao entrar no quarto, quinto e sexto dia do jejum, percebi que a comida, sim, a comida, era o meu fornecedor de energia. Tive que fazer quatro a cinco refeições médias para acompanhar minhas atividades e demandas de trabalho sem cafeína. E você sabe o que aconteceu?

Eu me senti imparável. Não era mais escravo de uma substância que eu idolatrava há tanto tempo. O Senhor te deu a doce bênção do alimento e não te chamou para ser escravo de nenhum homem ou de nenhuma coisa. No entanto, vejo muitos de nós capturados (ou mesmo viciados) por este ingrediente simples.

> Romanos 6:15-18 NAA, *"E então [o que devemos concluir]? Havemos de pecar porque não estamos debaixo da lei, e sim da graça [de Deus]? De modo nenhum!*
>
> *Será que vocês não sabem que, ao se oferecerem como servos [escravos] para obediência, vocês são servos daquele a quem obedecem, seja do pecado, que leva à morte, ou da obediência, que conduz à justiça (justiça que permanece em Deus)?*
>
> *Mas graças a Deus que, tendo sido escravos do pecado, vocês vieram a obedecer de coração à forma de doutrina a que foram entregues. E, uma vez libertados do pecado, foram feitos servos da justiça [conforme a vontade e propósito de Deus]."*

Então, eu te convido a sair daquele lugar. Como filho de Deus, eu o chamo para superar até mesmo as pequenas coisas que te impedem de caminhar plenamente em completa filiação ao Pai. Ele é a nossa Rocha. Ele é a nossa Fonte. Nunca nos esqueçamos disso e não nos distraiamos com as concupiscências deste mundo que parecem tão inocentes. Pois até mesmo Satanás se disfarça de anjo de luz (2 Coríntios 11:14).

Não dê apoio ao inimigo, pois você é chamado

a andar com poder, disciplina e autoridade pela graça,

alcançando constantemente a mente de Cristo

e tendo Deus em primeiro lugar em sua vida.

Esta revelação resume os meus pensamentos sobre o poder dos alimentos e os efeitos que eles podem ter sobre nós. Sou perfeito em tudo isso? Acredite em mim, eu não sou. Se alguém trouxer alguns donuts, me chame! No entanto, quando exagero e dou lugar à carne e aos seus desejos, sei, em última análise, o efeito que isso pode ter sobre mim. Eu vi o outro lado.

Quando desacelero, reformulo e olho para frente, em direção aos meus objetivos de longo prazo, muitas vezes consigo quebrar as tentações que só levam à satisfação de curto prazo. Com o tempo, fica cada vez mais fácil. Quando você permanece constante, uma espécie de resiliência se desenvolve. Assim como quando você se exercita, seus músculos inicialmente arrebentam, mas você volta mais forte. O mesmo se aplica à sua mente.

Agora, deixe-me ser claro: não estou dizendo que alimentos processados, açúcar, álcool e similares sejam "ruins". Acredito no equilíbrio, na moderação e em um relacionamento saudável com estes tipos de alimentos.

No entanto, também penso que é importante estar consciente de suas intenções, verificar seu coração e conhecer os efeitos secundários negativos dessas escolhas, que estão tão facilmente disponíveis na cultura indulgente de hoje. Não existe comida "ruim" e a comida não o contamina. É o seu "porquê" ou seu coração que importa.

> Marcos 7:15 NAA, *"Não existe nada fora da pessoa [como a comida] que, entrando nela, possa contaminá-la [moral ou espiritualmente]; mas o que sai da pessoa [do sue coração] é o que a contamina."*

Eu sei que se fala sobre a desconfiança na indústria de alimentos e bebidas (ou nas redes sociais) e como isso pode parecer estar contra nós, causando doenças, obesidade, depressão e ansiedade.

Gostamos de jogar o jogo da culpa, e isso pode ser verdade em alguns casos. Talvez certos líderes nas indústrias tenham como objetivo ganhar dinheiro e comercializar produtos, independentemente do impacto que isso possa causar na nossa saúde física e mental. Mas por experiência própria, e pelo que acredito que Deus me mostrou, desafio você a ver as coisas de uma maneira um pouco diferente. VOCÊ. Sim, você está no controle. Meu objetivo é te devolver o poder.

Eu o encorajo a manter cativos todos os pensamentos e ações em sua vida. Se você tiver que excluir uma mídia social, exclua-a. Se você precisa manter as "besteiras" fora de sua cozinha, faça isso.

Há um ditado do cofundador e CEO da Precision Nutrition, John Berardi, que diz mais ou menos assim: "Se um alimento estiver em sua casa ou em sua posse, você, alguém que você ama ou alguém que você tolera acabará marginalmente comendo ele".

Isso é apenas psicologia humana. E o que Jesus diz sobre a tentação?

> Mateus 5:30 NAA, *"E, se a sua mão direita leva você a tropeçar, corte-a e jogue-a fora [isto é, retire-se da fonte da tentação]. Pois é preferível você perder uma parte do seu corpo do que o corpo inteiro ir para o inferno."*

Novamente, a carne é fraca, mas o espírito está pronto. Deus é mais forte. Isto pode ser um processo fluido com altos e baixos, mas eu acredito em você. Continue avançando continuamente e deixe a graça de Deus entrar diariamente em sua vida para alcançar a mente de Cristo em tudo o que você faz.

Amém.

> Mateus 26:41 NAA, *"Vigiem e orem, para que não caiam em tentação; o espírito, na verdade, está pronto, mas a carne é fraca."*

> *1* Coríntios 2:16 NAA, *"Pois QUEM CONHECEU A MENTE DO SENHOR, PARA QUE O POSSA INSTRUIR? Nós, porém, temos a mente de Cristo [para ser guiados por Seus pensamentos e propósitos]."*

Por exemplo, você consegue ver Jesus indo a uma festa e se deliciando com todas as batatas fritas? Provavelmente não. Você consegue ver Jesus lutando contra o seu vício em Starbucks ou Instagram? É um pouco engraçado até pensar nisso. Eu não acho.

Ele estava totalmente centrado em quem

ele era, e embora tenha sido tentado como nós,

não cedeu à concupiscência deste mundo.

O inimigo é sutil, e todo hábito pecaminoso começa pequeno. Como Damon Thompson, um revivalista mundial, diz: "um cordeiro de cada vez". Esta citação é baseada nos pastores que administram seu rebanho e em como devemos levar em consideração cada cordeiro ou, neste caso, cada pensamento e ação. Porque antes que você perceba, todo o seu rebanho pode ter desaparecido. Portanto, não ceda às pequenas coisas e você poderá prevenir as maiores.

Você pode dizer: "Mas meu trabalho é muito estressante e atarefado. Não tenho tempo para uma alimentação saudável!" Isso é justo. Entendo que há uma necessidade de trabalho e que as responsabilidades têm prioridade; mas isso realmente vale a sua saúde mental ou o potencial de um relacionamento maior com Deus e até com os outros? O próprio Jesus diz isso em Marcos 8:36 (NAA).

"De que adianta uma pessoa ganhar o mundo inteiro

[com todos os seus prazeres] e perder a sua alma?"

Isso é apenas alimento para reflexão (brincando com os trocadilhos). Não pretendo te sobrecarregar, mas uma boa nutrição é realmente poderosa. Tudo o que você precisa fazer é começar a fazer pequenos ajustes em sua saúde, e eu prometo, isso não exige tanta energia ou tempo quanto você pensa. Na verdade, acredito que isso irá te dar mais tempo e energia.

Ouvi um ditado outro dia que dizia mais ou menos assim:

"A maioria das pessoas gasta a saúde em busca de riqueza,

para depois acabar gastando a riqueza em busca de saúde."

Saúde é verdadeiramente uma riqueza. Quando você acredita e segue essas verdades, você se capacita através de Cristo para se elevar acima da mentalidade do mundo. Você não está mais andando no caminho do mundo, mas tomou o caminho estreito.

Mateus 7:13-14 NAA, *"Entrem pela porta estreita! Porque larga é a porta e espaçoso é o caminho que conduz para a perdição, e são muitos os que entram por ela. Estreita é a porta e apertado é o caminho que conduz para a vida [eterna], e são poucos os que o encontram.*

Às vezes, ir contra a correnteza pode ser solitário, mas produz vida para o presente e vida para o futuro (1 Timóteo 4:8). Você pode dizer: "Mas está em toda parte! Eu sinto que é inevitável." Ou "eu cresci com isso. É apenas uma parte da minha cultura."

Bem-vindo à cultura de Jesus. Amados, levem cada pensamento cativo. Se você leva a sério a mudança, então estabelecer metas, estabelecer planos, definir pequenas ações diárias e preparar seu ambiente para o sucesso são as chaves para se mover com constância contra a correnteza da influência mundana.

Aqui estão cinco instruções para te ajudar a escrever, colocar a caneta no papel e os pensamentos em ação.

1. Mentalidade

Onde você pode colocar a sua mente hoje? *Através de Cristo você tem o fruto do Espírito: amor, alegria, paz, paciência, benignidade, bondade, fidelidade, mansidão e domínio próprio* (Gálatas 5:22-23). No Espírito, você alcança isso.

Portanto, lembre-se sempre dessas verdades; escreva cada uma delas, ore você mesmo por elas, mesmo quando não "sentir vontade". As emoções vêm e vão, mas Deus é a verdade, e se trata de vencer a carne.

Lembre-se, a nossa identidade está em *Jesus*. Sempre.

2. Meta

Para você, o que significa ter uma alimentação saudável ou um estilo de vida saudável? O que você quer melhorar em sua vida, mas ainda não conseguiu? Por exemplo, isso pode significar desde perder dez quilos até melhorar a sua saúde mental, ou passar tempo com Jesus diariamente.

Agora seja específico. Quanto mais você detalhar essa meta para ajustá-la ao seu "porque" mais profundo, melhor. Por exemplo: desde quero perder cinco quilos até quero me sentir mais atlético, ou viver uma vida longa e saudável.

Pense: "o que resultará em minha vida quando eu atingir meu objetivo?" Isto é mais subjetivo do que simplesmente objetivo, o que muitas vezes é incontrolável.

3. Plano

Como você vai fazer isso? Quais habilidades ou práticas você precisa para atingir o seu objetivo maior? Por exemplo, se você quer começar a cozinhar em casa.

Uma *prática* pode ser fazer compras semanais, organizar sua cozinha para o sucesso, ou pesquisar receitas com alimentos frescos. Pense nisso. Seja criativo!

4. Pequenas ações

Agora analise essas práticas. Quais são algumas coisas que você pode facilmente fazer *diária* ou semanalmente como um ritual para se preparar para o sucesso?

Por exemplo, definir um cronômetro para se lembrar de beber água, escrever as suas "tarefas" em sua agenda na noite anterior ou fazer uma lista de compras semanal de seus alimentos saudáveis favoritos.

5. Ambiente

Isto é fundamental. Configure sua cozinha, seu local de trabalho e a comunidade para apoiar o tipo de meta que você deseja alcançar. Como você pode manter a constância se tem muita comida não saudável por perto, e sua bolsa de ginástica ou tênis de corrida estão guardados em algum lugar?

Quanto melhor for o ambiente para a sua saúde, maiores serão as chances de você atingir metas de curto e longo prazo. Isso às vezes é esquecido. Limpe os *obstáculos*. Pense além!

Sua cozinha, seu fluxo de trabalho e sua comunidade/amigos apoiam seus objetivos? Verifique. Você pode se surpreender. Reserve um momento e pense em possíveis obstáculos que podem te atrapalhar, juntamente com ajustes saudáveis que você poderia começar a fazer em seu ambiente para apoiar as suas metas.

<u>Aqui está um bônus:</u>

Uma vez que os pensamentos acima estejam definidos, não se preocupe em *tirar* nada da sua dieta, mas comece *adicionando* mais alimentos frescos, integrais e menos processados. Pense em "alimentos integrais" definidos como um único ingrediente.

Isso inclui todas as frutas, vegetais, carnes, castanhas, feijão, arroz e assim por diante. Ao integrá-los de forma consistente em sua dieta, ao invés de alimentos altamente processados (junk food), você dará um grande passo na prevenção de doenças, enfermidades, inflamações e problemas de saúde mental. Torne isso divertido. Misture. Explore novos alimentos.

Para ajudar você a começar, estas são cinco maneiras fáceis de aplicar mudanças de estilo de vida saudável à sua rotina:

1. Planeje, priorize, e prepare

Simplifique as coisas para você. Experimente preparar as refeições com antecedência por três dias seguidos (ou uma determinada refeição diariamente, como o café da manhã), comprar refeições pré-preparadas no supermercado local ou até mesmo experimentar um sistema de entrega de refeições. Existem muitas opções por aí hoje em dia!

Escolha o que mais funciona para a sua realidade, e que esteja dentro do seu orçamento. Lembre-se, você não pode tomar medidas saudáveis se não se preparar para isso. *É aqui que a ação começa.*

2. Qualidade acima da quantidade

Quanto maior a qualidade dos ingredientes da comida que você escolher, melhor. Foi demonstrado que isso melhora a digestão, fornece mais nutrientes e aumenta a satisfação.

Além disso, geralmente, você pode comer mais e ingerir menos calorias se o alimento for integral e de alta qualidade, em vez de refinado e processado. Menos é mais nessa situação.

Pense, quanto mais os alimentos estiverem em seu estado natural, melhor (orgânicos, não transgênicos, sem corantes alimentares - foque nos alimentos integrais ou de "ingrediente único" que não são processados).

3. Não seja tolo, beba água

O que posso dizer, a água representa cerca de 55 a 60 por cento de quem você é. Mas você sabia que uma grande porcentagem da população mundial está cronicamente desidratada? Recomendo começar com doze copos por dia para os homens e dez copos por dia para as mulheres. Veja como funciona para você (você pode precisar de mais ou menos – dependendo do tipo de corpo/nível de atividade).

Eu sei que há algumas pessoas que não gostam de água pura. Tudo bem, vamos pensar de forma criativa. Adicione limão. Beba chá de baixa caloria ou água gaseificada. Basta encontrar o que funciona para você! Há um impacto positivo na sua saúde se você se hidratar de forma consistente.

Você sabia que a hidratação adequada alivia a tensão no coração, aumenta o desempenho físico e mental, limpa os rins e até ajuda a manter o equilíbrio hormonal?

4. Coma uma salada por dia

Não conseguiria enfatizar o suficiente como os vegetais crus são saudáveis para você. Eles fornecem fibras e probióticos importantes para auxiliar a saúde intestinal, essenciais para a saúde geral e a vitalidade que você não consegue obter em outros alimentos ou suplementos.

É por isso que recomendo uma salada por dia (no mínimo). Seja criativo, encontre o que você gosta e planeje aplicar nesta semana. Pessoalmente, adoro saladas "saudáveis", incorporando proteínas magras, como peixe ou ovos cozidos, e carboidratos saudáveis, como quinoa ou feijão-preto.

5. Pratique a alimentação consciente

Desacelere. Honestamente, esta é a prática mais difícil para mim. No passado, eu costumava comer rápido (sempre culpei o fato de não querer que minha comida esfriasse).

As pesquisas, no entanto, encontraram vários benefícios em desacelerar, aproveitar e estar atento em cada mordida. Isso inclui melhora da digestão, consumo menor e maior satisfação após comer (plena satisfação). Você está disposto a experimentar essa prática na sua próxima refeição? Você pode ficar surpreso com os resultados.

Em termos de saúde e nutrição, todos nós tendemos a saber atualmente o que é saudável ou não. "Comer mais vegetais, e menos algodão-doce. Entendi."

Na vida, geralmente nós sabemos *o que* fazer, a questão é que simplesmente *não fazemos*. As cinco etapas acima te ajudarão a tomar medidas intencionais e a permanecer constante ao longo do caminho (a chave para a saúde, prevenção e vitalidade a longo prazo).

Por último, é a ideia de *nutrição* e *autocuidado*. Vejo a nutrição como um reflexo de amar e alimentar o seu corpo, ou em outras palavras, cuidar do seu templo (o templo de Deus). Muitos de nós temos uma relação ruim com a comida, mas talvez precisamos apenas ajustar a nossa perspectiva. Comida é vida. Ele nutre, fornece e sustém o nosso corpo para viver a vida no nosso máximo potencial.

Então, você tem uma escolha.

Você pode amar o seu corpo de uma forma que lhe permita encontrar satisfação a longo prazo para viver a sua melhor vida para Deus, ou pode exagerar e deixar que a bênção de ter comida na mesa atrapalhe o seu potencial pleno (no corpo, mente e espírito).

Muitos de nós somos abençoados por ter muito mais do que o suficiente em nossas mesas. Mas, em todo o mundo, as pessoas vivem o dia-a-dia na esperança de obter apenas o suficiente (enquanto outras consomem em excesso). Acredito que somos chamados a nos abster de um modo de vida indulgente.

Imagine se você começasse a comer apenas o que precisa para nutrir o seu corpo e desse o resto aos necessitados. Haveria *mudança*. Haveria *impacto*.

Havia um ditado que sempre notei na minha cozinha quando era criança e que ficou gravado em mim. É algo mais ou menos assim,

"Viva com simplicidade, para que

outros possam simplesmente viver."

Isto não é sobre promover a pobreza cristã, mas é sobre você viver simplesmente com o poder de entregar, quer tenha muito ou pouco. Como já disse antes, este modo de vida não será fácil e eu mesmo estou trabalhando nesta área.

No entanto, o crescimento maduro como cristãos é desconfortável e está em oposição aos caminhos do mundo e da natureza humana. Cabe a você fazer a escolha consciente. Não porque seja necessário, pois há graça, mas porque isso permitirá que a sua grandeza comece a se revelar para a glória de Deus – para que você possa maximizar o seu tempo na terra e amar os outros plenamente.

Afinal, você é chamado para ser luz, expondo as trevas através das suas ações e caráter.

Efésios 5:14-18 NAA, *"Por isso é que se diz: 'Desperte, você que está dormindo, levante-se dentre os mortos, e Cristo o iluminará [como no amanhecer].'*

Portanto, tenham cuidado com a maneira como vocês vivem [viva a vida com honra, propósito e coragem; evitando aqueles que toleram e permitem o mal], e vivam não como tolos, mas como sábios [pessoas sensatas, inteligentes e com discernimento], aproveitando bem o tempo [na terra, reconhecendo e aproveitando cada oportunidade e a utilizando com sabedoria e diligência], porque os dias são [completamente] maus.

Por esta razão, não sejam insensatos, mas procurem compreender qual é a vontade do Senhor. E não se embriaguem com vinho, pois isso leva à devassidão (corrupção, estupidez), mas deixem-se encher [e serem constantemente guiados por Ele] do Espírito [Santo]."

Devemos viver uma vida de consciência e diligência, *discernindo* a influência negativa que nos rodeia e escolhendo ser proativos antes que seja tarde demais, porque os dias são maus.

Deus não precisa de você,

mas Ele quer usar você.

Muitas vezes, somos empurrados e puxados pela vida, "adormecidos", sem ao menos perceber os maus hábitos que estamos construindo ou dificultando as escolhas que estamos fazendo. Por isso, devemos tomar conhecimento e despertar. Devemos estar conscientes.

Isso exige *foco e atenção plena.*

Reflexão

Como é o seu estilo de vida ideal e saudável?

O que você quer melhorar em sua vida?

Como você vai fazer isso?

Quais são as pequenas ações que você pode fazer diariamente para obter sucesso nessa área?

Capítulo V – Atenção Plena e Foco

*"Tu guardarás em perfeita [e constante] paz aquele cujo propósito
[mente] está firme [isto é, dedicado e focado em Você – tanto em
inclinação quanto em caráter], porque em ti confia [com esperança
e uma confiante expectativa]."*

Isaías 26: 3 NVI

O que você pensa quando ouve a palavra *"mindfulness"*, que
podemos chamar de "atenção plena"? Ao longo dos anos, tenho
trabalhado para melhorar esse aspecto em minha própria vida.
Vejo a importância disso em tudo que faço, seja saindo com a
família, trabalhando ou me aquietando para orar. É algo que
comecei a integrar em todas as áreas da minha vida.

Segundo o Dicionário Oxford, *mindfulness* é "um estado
mental alcançado ao concentrar a consciência no momento
presente". Essa prática pode ser incluída em tudo que você faz.
Adoro a descrição de atenção plena feita por Brené Brown em
seu livro best-seller, *Dare to Lead (Ouse Liderar)*. Ela chama
isso de *"Prestar atenção"*.

É simples, mas poderoso.

Quando comecei a trabalhar como personal trainer em 2014,
percebi algo que os meus clientes tinham em comum. Eles não
estavam sintonizados ou conscientes de seu próprio corpo.

Esse padrão continuou a surgir quando comecei a trabalhar
com clientes de terapia esportiva que sentiam dores ou sofreram
lesões, e continuou a aparecer em meus clientes de coaching e
nutrição.

Na maioria das vezes, eles não tinham consciência de sua postura, movimentos inadequados e/ou exatamente o que estavam colocando em seus corpos através da dieta (e como isso os estava afetando). Acho que é seguro dizer que, como seres humanos, tendemos a ter dificuldade para manter o foco. E é sobre isso que quero chamar a sua atenção ao longo deste capítulo. Para, então, te ajudar a renovar sua mente.

Além de adicionar um cultivo consistente de recuperação, exercícios e nutrição à sua vida, a atenção plena é um item vital. Vamos ser honestos, é um desafio permanecer no momento presente em qualquer dia. Nosso mundo torna mais fácil o "estar distraído". Somos constantemente bombardeados com textos, e-mails, notificações, comerciais, anúncios e tarefas. Nosso foco é constantemente desafiado, até mesmo desgastado.

Isso precisa mudar! Devemos recuperar o nosso foco diário, conservando energia, concentrando os nossos esforços no crescimento e permanecendo presentes no momento. Por exemplo, observe a sua postura agora mesmo! Você está curvado? (Eu estava).

Para começar, fornecerei minhas cinco principais dicas para incentivar a atenção plena diária e colocar você de volta no comando:

1. Coloque um lembrete diário

> Defina um horário em que você sabe que está ocupado, então pare, respire, pratique a gratidão ou o que quer que funcione para você conseguir reiniciar e estar presente no momento.

O século XXI clama pela sua atenção, te afastando constantemente da paz, da gratidão e do contentamento. Use esta prática para parar e encontrar a paz. A paz que vem dEle (Isaías 9:6).

2. Foque em uma coisa de cada vez

A maioria de nós realiza tarefas ao longo do dia como se estivesse em um malabarismo, e se sente bem com isso. No entanto, concentrar o seu foco em uma coisa de cada vez pode te ajudar não apenas a executar melhor a tarefa, mas também a aproveitar o momento (e com menos estresse). Pode ser ler este livro, brincar com seus filhos, fazer uma tarefa escolar ou se exercitar na academia.

Seja o que for, use o seu precioso tempo, energia e foco com sabedoria. Nosso tempo na terra é curto, então vamos aproveitá-lo ao máximo. *Foque.*

3. Faça uma sondagem da mente–corpo

Essa técnica ajuda você a se concentrar, estar presente no momento e desenvolver consciência. Gosto de incluir isso pela manhã, durante o meu tempo de oração com Deus.

Você pode começar pelo topo da cabeça, descendo até os pés, percebendo e relaxando cada parte do seu corpo enquanto inspira e expira. Pode parecer engraçado no início, mas realmente funciona e pode te ajudar a relaxar, pois libera a tensão que você tem mantido em seu corpo.

Se você estiver enfrentando um "bloqueio" durante a sondagem, pergunte a si mesmo: "O que estou sentindo?" Que pensamentos ou emoções estão vindo à sua mente? Às vezes, o perdão, a gratidão ou a oração e coisas do gênero podem te ajudar a seguir em frente; e até mesmo promover a cura.

4. Pratique a escuta ativa

Isso significa se envolver em suas conversas, sem pensar no que você vai dizer depois, mas praticando ouvir verdadeiramente a pessoa que estiver falando.

Observe as pequenas coisas, permanecendo presente no momento, lembrando que essas pessoas são filhos de Deus. Perdidos ou encontrados. Acredito que este é o começo da empatia e da compaixão; na qual Jesus andava diariamente e produzia milagres. Isso desperta o poder de Deus.

Mateus 20:34 NVI, *"Jesus teve compaixão deles e tocou nos olhos deles. Imediatamente eles recuperaram a visão e o seguiram [como discípulos]."*

5. Medite na Palavra de Deus

Defina um período para ler, meditar e orar em particular, só você e Deus. Pode ser logo pela manhã, à noite antes de dormir ou até mesmo durante a hora do almoço dentro do seu carro.

Quando você cria e reserva um tempo, ele se torna especial. Mostra intenção e diligência, ao mesmo tempo que é uma forma de adoração em si. Pratique durante o seu tempo de quietude, desligando todas as distrações externas (telefone, e-mail e assim por diante).

Esta é minha passagem favorita centralizada na atenção plena, e você pode ler enquanto estiver no seu tempo de oração:

Filipenses 4:4-9 NVI, *Alegrem-se sempre no Senhor. Novamente direi: alegrem-se! Seja a amabilidade de vocês conhecida por todos. Perto está o Senhor. Não andem ansiosos por coisa alguma, mas em tudo, pela oração e súplicas, e com ação de graças, apresentem seus pedidos a Deus. E a paz de Deus, que excede todo o entendimento, guardará os seus corações e as suas mentes em Cristo Jesus.*

Finalmente, irmãos, tudo o que for verdadeiro, tudo o que for nobre, tudo o que for correto, tudo o que for puro, tudo o que for amável, tudo o que for de boa fama, se houver algo de excelente ou digno de louvor, pensem nessas coisas. Tudo o que vocês aprenderam, receberam, ouviram e viram em mim, ponham-no em prática. E o Deus da paz estará com vocês."

Apenas cinco minutos por dia já bastam, e alguma coisa é sempre melhor do que nada. Medite em Sua palavra e você encontrará vida!

Agora, para ampliar meus pensamentos sobre a atenção plena, as Escrituras nos dizem que somos chamados a levar cativo todo pensamento e a fixar sua mente nas coisas do alto. Não se esqueça, a sua batalha geralmente está na mente, não contra uma pessoa.

2 Coríntios 10:5a NVI, *"Destruímos argumentos e toda pretensão que se levanta contra o [verdadeiro] conhecimento de Deus, e levamos cativo todo pensamento, para torná-lo obediente a Cristo..."*

Colossenses 3:2 NAA, *"Pensem nas coisas lá do alto [as coisas celestiais], e não nas que são aqui da terra [aquelas que possuem um valor temporário]."*

Efésios 6:12 NAA, *"Porque a nossa luta não é contra o sangue e a carne [lutando apenas contra oponentes físicos], mas contra os principados e as potestades, contra os dominadores deste [presente] mundo tenebroso, contra as forças espirituais do mal, nas regiões (sobrenaturais) celestiais."*

Há poder na mente, e aquilo no qual

você coloca o seu foco, você empodera.

Por isso, você deve despertar do "sono" desnecessário causado pelo estresse, dos hábitos improdutivos e de deixar que um ambiente negativo o controle.

2 Timóteo 2:4 NAA, *"Nenhum soldado em serviço se envolve em negócios [comuns] desta vida, [ele os evita] porque o seu objetivo é agradar aquele que o recrutou."*

Você é você. Perfeita e maravilhosamente feito por meio de Cristo para ser a "cabeça e não a cauda". Eu sei que você pode não se sentir dessa maneira o tempo todo, mas não se trata de como você se sente.

Os sentimentos desvanecem.

Você foi criado para fazer grandes coisas além da sua imaginação, para o reino de Deus; não para si mesmo, mas para os outros. Imagine a liberdade e a paz sobre isso se você apenas acreditasse, mesmo que por um momento.

> Efésios 3:20a NAA, *"Ora, àquele que é poderoso para [realizar Seu propósito e] fazer infinitamente mais do que tudo o que pedimos ou pensamos [infinitamente além das nossas maiores orações, esperanças ou sonhos], conforme o seu poder que opera em nós..."*

Agora, dê um passo para trás e se lembre da sua identidade.

> Deuteronômio 28:13 NAA, *"O Senhor os porá por cabeça (líder) e não por cauda (seguidor); e só estarão em cima e não debaixo, se obedecerem aos mandamentos do Senhor, seu Deus, que hoje lhes ordeno, para os guardar e cumprir."*

> Gálatas 4:31 NVI, *"Portanto, irmãos [que nasceram de novo – renasceram do alto – espiritualmente transformados, renovados e separados para Seu propósito], não somos filhos da escrava [o natural], mas da livre [o sobrenatural]."*

> Gálatas 5:1 NAA, *"Para a liberdade foi que Cristo nos libertou [nos libertando completamente]. Por isso, permaneçam firmes e não se submetam, de novo, a jugo de escravidão [que foi removido de você]."*

E se você dedicasse um tempo para ser consistentemente intencional em seus pensamentos e ações? O que mudaria se você "prestasse atenção" em todas as áreas da sua vida, permanecendo presente no momento? Como a sua vida mudaria se você meditasse constantemente na Palavra de Deus e na verdade da sua identidade em Cristo?

Acredito que a sua vida mudaria. Pare mais um momento e se imagine mentalmente mais forte, mais focado, alegre e motivado: vivendo uma vida para os outros, com ousadia. Isto é exatamente o que o mundo e o inimigo não querem.

Eles não querem que você ande em

constante consciência de quem você é para Deus

e do poder da liberdade que Cristo te entregou.

Se lembre de que a sua luta não é contra carne e sangue (Efésios 6:12). Existem coisas, visíveis e invisíveis, que afastam você da mente de Cristo. Você deve começar a aprender como reconhecer e identificar essas áreas em sua vida.

Me lembro de ouvir um sermão de Dan Mohler sobre Adão e Eva a respeito da *identidade*. Quer você acredite que isso seja uma parábola ou um evento histórico, isso contém significado e verdade. Aqui está a passagem de Gênesis 3:1-5 NAA,

> *Mas a serpente, mais astuta (sutil, habilidosa em enganar) que todos os animais selvagens que o Senhor Deus tinha feito, disse à mulher: "É verdade que Deus disse: 'Não comam do fruto de nenhuma árvore do jardim?'"*

> *A mulher respondeu à serpente (Satanás): "Do fruto das árvores do jardim podemos comer, mas do fruto da árvore que está no meio do jardim, Deus disse: 'Vocês não devem comer dele, nem tocar nele, para que não venham a morrer.'"*

> *Então a serpente disse à mulher: "É certo que vocês não morrerão. Porque Deus sabe que, no dia em que dele comerem, os olhos de vocês se abrirão [ou seja, vocês terão maior consciência] e, como Deus, vocês serão conhecedores [da diferença entre] do bem e do mal."*

Mohler interpretou esta passagem como a serpente (diabo) tentando Eva, dizendo que ela teria grande conhecimento e consciência se comesse da árvore proibida: que ela seria como Deus. Adão e Eva, porém, já foram feitos à imagem de Deus, totalmente inteiros e vivos, tendo domínio sobre esta terra (Gênesis 1:26-28) e um relacionamento profundo com Deus.

Ele concluiu que, desde o início, o diabo tem tentado mudar a sua mente, fazendo com que você esqueça quem você é (fazendo com que seu espírito morra por causa da separação com Deus) e, por sua vez, esquecendo o que você foi chamado para fazer aqui nesta terra: *caminhar em um relacionamento íntimo com Deus, enquanto vive uma vida de amor e impacto.*

O mundo muitas vezes pode nos deixar estressados e focados nas coisas erradas, mas elas não trazem vida porque não são a Verdade. Elas alimentam apenas a carne e muitas vezes são derivados do medo. *A fé não tem medo.* Devemos centralizar e reorientar a nossa mente para a nossa verdadeira identidade e as coisas boas de Deus, sendo diligentes com os nossos pensamentos, lembrando quem somos como discípulos de Cristo.

Diariamente.

Dito isto, quero apresentar algumas maneiras práticas pelas quais você pode aplicar a atenção plena à sua vida, se concentrando nos cinco conceitos fundamentais discutidos neste livro.

Estes são mais do que apenas conceitos. Eles são *valores*. Você não pode ter um sem ter os outros para obter uma saúde completa e holística. Isto é *Plenitude*.

1. Recuperação

Como você está se sentindo hoje? Você está cansado? Feliz? Lidando com alguma dor? Estressado? Reserve um momento e processe as suas emoções.

2. Exercício

Ao caminhar ao ar livre, fazer exercícios na academia ou desfrutar do seu hobby, ou atividade favorita, você está presente no momento? Você está consciente dos seus passos, sua postura, dos seus níveis de energia?

Faça uma anotação ou defina um lembrete para a sua próxima sessão de exercícios e pratique movimentos conscientes, fazendo uma pausa na sua "lista de tarefas" – mesmo que seja apenas por um momento.

3. Nutrição

Você está comendo devagar? Qual é o sabor da sua comida? Qual é a textura? Está com fome? Você daria o que está comendo para uma criança?

Estas são apenas algumas perguntas que você pode se fazer em cada refeição. Pratique reservar um minuto para refletir. A alimentação consciente não só proporciona os benefícios à saúde discutidos no Capítulo 4, mas também permite que você esteja presente ao estar com os amigos e familiares.

4. Atenção Plena e Foco

Pode ser irônico estar atento à atenção plena; mas sim, este é o ponto. Você está reservando um tempo para escrever os seus pensamentos ou fazer um diário? Um tempo para parar e respirar fundo? Para ficar presente no momento ao invés de correr para as suas tarefas?

Você pratica levar todos os pensamentos e ações cativos? Reserve um momento e pense em uma área que você pode melhorar nesta semana.

5. Fé

Você sabe quem você é?

Como alguém que crê em Jesus Cristo, você é filho de Deus. Perdoado. Enxertado na videira. Adotado na família. Você não está mais esquecido ou abandonado.

Você não está mais sozinho. Você não está mais sem propósito.

Você agora tem uma confiante esperança Naquele a quem chamamos de Pai. Não importa o seu passado, presente ou futuro, você tem um Pai justo e todo-poderoso que te ama. Fique atento a isso: a fé e a esperança que carregamos está em nosso espírito.

Provérbios 18:24b NAA, *"Mas há [um] amigo [verdadeiro, amoroso] mais chegado [confiável] que um irmão."*

Jesus.

A seguir, examinaremos mais de perto o potencial do seu relacionamento com Deus e como a *fé* se integra ao seu bem-estar. Essa é a peça que falta para um verdadeiro cuidado de saúde integral e para quem busca a *plenitude*.

Reflexão

Como a sua vida poderia mudar se você começasse

a ser mais intencional com seus pensamentos ou ações?

O que especificamente mudaria se você "prestasse atenção"

em cada área da sua vida, permanecendo presente no momento?

Como a sua vida mudaria se você meditasse constantemente na

Palavra de Deus e na verdade sobre a sua identidade nEle?

Capítulo VI – Fé

"Portanto, não fiquem perguntando o que irão comer ou beber e não fiquem preocupados com isso. Porque os gentios [pagãos] de todo o mundo é que procuram estas coisas; mas o Pai [Celestial] de vocês sabe que vocês precisam delas. [Mas, se esforcem e ativamente] busquem, antes de tudo, o Seu Reino, e estas coisas lhes serão acrescentadas."

Lucas 12:29-31 NAA

A fé é intocável. Ninguém pode roubá-la e ela não pode enferrujar. É um presente que você não merece, mas é um presente tangível que você carrega em seu espírito através do Espírito Santo.

Como a fé se aplica ao bem-estar? Bom, em todos os sentidos. Como uma indústria, as áreas do fitness, da saúde e do bem-estar evoluíram de um foco único sobre o corpo (físico) para um foco integrador que inclui a mente (mental), mas raramente elas mencionam sobre o espírito (espiritual). E, certamente, não sobre uma fé espiritual centrada em Jesus Cristo.

Quero te assegurar que os tempos estão mudando.

Deus quer derramar o Seu Espírito em

todas as áreas profissionais deste mundo,

incluindo a área da saúde.

Eu acredito, sem dúvidas, que você não pode ter saúde, bem-estar e plenitude completa sem *Deus* no centro de sua vida; Ele é o que mantém tudo unido.

> Colossenses 1:16-17 NAA, *"Pois nEle foram criadas todas as coisas, nos céus e sobre a terra, as [coisas] visíveis e as invisíveis, sejam tronos, sejam soberanias, quer principados, quer potestades. Tudo foi criado por meio dEle e para Ele [isto é, por Sua atividade].*

> *Ele é antes de todas as coisas. Nele tudo subsiste. [Ele é a força controladora e coesiva do universo.]"*

Quando a situação não está favorável, mas você tem a sensação de que precisa continuar tentando, quando precisa acreditar na cura para a sua vida, embora as coisas possam parecer obscuras, para ter paz em tempos de provação, focando não no que você vê, mas na Palavra de Deus, ao acreditar que, se você continuar a persistir, poderá superar aquele vício, acreditar que se Deus enviou Cristo... Ele te ama.

Isso é fé!

> Hebreus 11:1-2 NAA, *"Ora, a fé é a certeza de coisas que se esperam, a convicção de fatos que não se vêem. Pois, pela fé, os antigos obtiveram bom testemunho."*

Há poder e cura nesta mentalidade invisível. Ao incorporar o escudo da fé em todos os aspectos da sua vida, você poderá caminhar com ousadia como um cristão, sendo o exemplo que o mundo precisa *em amor*.

> *Você pode ser a cabeça e não a cauda,*
>
> *porque Deus quer uma geração com a qual*
>
> *Ele possa ter parceria para a Sua glória.*

A vida nem sempre trará o que esperamos, e as coisas nem sempre podem parecer do jeito que você deseja, mas você é chamado a andar por fé, não pelo que se vê (2 Coríntios 5:7). E se você acrescentasse a oração às suas situações diárias, às suas lesões ou doenças, às pessoas necessitadas ao seu redor ou até mesmo aos seus negócios? Não apenas quando você sentir vontade, mas em fé, de acordo com a Sua Palavra.

Efésios 6:18 NAA, *"Orem em todo tempo [em todas as ocasiões e em todas as estações] no Espírito, com todo tipo de oração e súplica [com solicitações específicas], e para isto vigiem com toda perseverança e súplica [intercedendo em oração] por todos os santos."*

Deus quer encher todas as áreas da sua vida, mas naturalmente, muitos de nós temos a tendência de separar a nossa fé da vida diária. Nosso trabalho. Nossa saúde. Nossa família. No entanto, desde o início, fomos chamados a depender dEle diariamente, em tudo o que fazemos.

Colossenses 3:15-17 NVI, *"Que a paz de Cristo [a quietude interior de quem caminha diariamente com Ele] seja o juiz em seus corações [decidindo e resolvendo as questões que surgirem], visto que vocês foram chamados a viver em paz, como membros de um só corpo [os que crêem].*

E sejam agradecidos [à Deus em todos os momentos]. Habite ricamente em vocês [habitando em seu coração e mente - permeando todos os aspectos do seu ser] a palavra [falada] de Cristo; ensinem [as coisas espirituais] e aconselhem-se [admoestem e treinem] uns aos outros com toda a sabedoria, e cantem salmos, hinos e cânticos espirituais com gratidão a Deus em seus corações.

Tudo o que fizerem [não importa o que seja], seja em palavra ou em ação, façam-no em nome do Senhor Jesus [e na dependência dEle], dando por meio dele graças a Deus Pai."

A Bíblia deixa claro que Deus está e deve fazer parte de TODOS os aspectos da nossa vida, incluindo o nosso estilo de vida diário (Deus sabe que preciso disso). Esta é a chave para a plenitude contínua. Devemos permanecer nEle. Antes de tudo, é para isso que fomos criados.

Relacionamento.

Deuteronômio 6:5 NAA, *"Portanto, ame o Senhor, seu Deus, de todo o seu coração, de toda a sua alma e com toda a sua força [todo o seu ser]."*

Salmo 70:4 NAA, *"Exultem e em Ti se alegrem todos os que te buscam [como a maior prioridade de suas vidas]; e os que amam a tua salvação digam sempre: 'Deus seja engrandecido!'"*

Tiago 5:13-15 NAA, *"Alguém de vocês está sofrendo? Faça oração. Alguém está alegre? Cante louvores [a Deus]. Alguém de vocês está doente? Chame os presbíteros da igreja (liderança espiritual), e estes façam oração sobre ele, ungindo-o com óleo, em nome do Senhor.*

> *E a oração da fé salvará o enfermo, e o Senhor o levantará. E, se houver cometido pecados, estes lhe serão perdoados."*

Essas ações só vêm através da fé. Você tem que viver isso? Claro que não. Você tem livre arbítrio.

Contudo, estou aqui para empoderar o que você tem de melhor; para te ajudar a maximizar o potencial que Deus te entregou, para que você possa dar o seu melhor em tudo o que faz. Em outras palavras, viver uma vida de poder, amor e liberdade, independentemente das circunstâncias. Este é o meu objetivo para você e para todo o povo de Deus.

Paulo escreveu, enquanto estava na prisão, Filipenses 4:10-12 (NAA),

> *"Fiquei muito alegre no Senhor porque, agora, uma vez mais, renasceu o cuidado que vocês têm por mim. Na verdade, vocês já tinham esse cuidado antes, só que lhes faltava oportunidade.*
>
> *Digo isto, não porque esteja necessitado [de algo específico], porque aprendi a viver contente [e completo por meio de Cristo, satisfeito a ponto de não ficar perturbado ou inquieto] em toda e qualquer situação.*
>
> *Sei o que é passar necessidade [em momentos de dificuldades] e sei também o que é ter em abundância; aprendi o segredo [de enfrentar a vida] de toda e qualquer circunstância, tanto de estar alimentado como de ter fome, tanto de ter em abundância como de passar necessidade."*

Deus é o que nos satisfaz. Você pode se esconder da Verdade ou ceder à ela, perseguindo-a com fé, amor e paixão. Eu sei que Ele criou você para algo grandioso.

Agora, depende apenas de você confiar nEle, se apoiar nEle. Afinal, acredito em você e é por isso que escrevi este livro. É hora de você assumir o seu destino e impactar o mundo, totalmente fortalecido pelo amor de Deus.

Pois Jesus diz em Mateus 5:14-16 NAA,

> *"Vocês são a luz [de Cristo] do mundo. Não se pode esconder uma cidade situada no alto de um monte. Nem se acende uma lamparina para colocá-la debaixo de um cesto, mas num lugar adequado onde ilumina bem todos os que estão na casa.*
>
> *Assim brilhe também a luz de vocês diante dos outros, para que vejam as boas obras que vocês fazem e [reconheçam e honrem e] glorifiquem o Pai de vocês, que está nos céus."*

Oro para que cura, verdade e clareza sejam dadas a você agora mesmo, em nome de Jesus Cristo.

Isto é um chamado, não uma declaração.

Você foi criado e destinado para muito, e Deus te ama.

Verdadeiramente, Ele enviou o Seu único Filho

para te trazer de volta ao Pai.

Então, eu chamo para fora a grandeza que há dentro de você. Você deve agir agora, eliminando as distrações que pode controlar e eliminando todo peso que o atrasa (Hebreus 12:1). Dor, doença, enfermidade, depressão, ansiedade, obesidade e coisas do gênero não são o seu chamado e devem sair. Elas são distrações que a cultura tóxica e a separação do relacionamento com Deus criaram para a sua vida.

As Escrituras a seguir definem o que está em meu coração:

1 Pedro 2:24 NAA, *"Carregando ele mesmo, em seu corpo [se oferecendo voluntariamente, como em um altar de sacrifício], sobre o madeiro, os nossos pecados, para que nós, mortos para os pecados [nos tornando imune à penalidade e ao poder do pecado], vivamos para a justiça. Pelas feridas dele, vocês [os que crêem] foram sarados."*

João 3:16-17 NVI, *"Porque Deus tanto amou o mundo que deu o seu Filho Unigênito, para que todo o que nele crer não pereça, mas tenha a vida eterna. Pois Deus enviou o seu Filho ao mundo, não para condenar o mundo, mas para que este fosse salvo por meio dele."*

Romanos 8:15 NAA, *"Porque vocês não receberam um espírito de escravidão, para viverem outra vez atemorizados, mas receberam o Espírito de adoção, por meio do qual clamamos: 'Aba, Pai.'"*

Através da fé em Jesus Cristo, você sabe que Ele tomou o seu lugar pecaminoso, e Deus agora te chama de "filho". Adotado em um relacionamento de filho ou filha, se você acreditar.

Você está em casa. A passagem em Lucas do filho pródigo exemplifica isso. Você estava perdido, mas agora foi encontrado.

Lucas 15:11-32 NVI, *"Jesus continuou: "Um homem tinha dois filhos. O mais novo disse ao seu pai: 'Pai, quero a minha parte da herança'. Assim, ele repartiu sua propriedade entre eles. Não muito tempo depois, o filho mais novo reuniu tudo o que tinha, e foi para uma região distante; e lá desperdiçou os seus bens vivendo irresponsavelmente. Depois de ter gasto tudo, houve uma grande fome em toda aquela região, e ele começou a passar necessidade.*

Por isso foi empregar-se com um dos cidadãos daquela região, que o mandou para o seu campo a fim de cuidar de porcos. Ele desejava encher o estômago com as vagens de alfarrobeira que os porcos comiam, mas ninguém lhe dava nada. Caindo em si, ele disse: 'Quantos empregados de meu pai têm comida de sobra, e eu aqui, morrendo de fome!

Eu me porei a caminho e voltarei para meu pai, e lhe direi: Pai, pequei contra o céu e contra ti. Não sou mais digno de ser chamado teu filho; trata-me como um dos teus empregados'.

A seguir, levantou-se e foi para seu pai. Estando ainda longe, seu pai o viu e, cheio de compaixão, correu para seu filho, e o abraçou e beijou. O filho lhe disse: 'Pai, pequei contra o céu e contra ti. Não sou mais digno de ser chamado teu filho'.

Mas o pai disse aos seus servos: 'Depressa! Tragam a melhor roupa e vistam nele. Coloquem um anel em seu dedo e calçados em seus pés. Tragam o novilho gordo e matem-no. Vamos fazer uma festa e comemorar. Pois este meu filho estava morto e voltou à vida; estava perdido e foi achado'. E começaram a festejar. Enquanto isso, o filho mais velho estava no campo. Quando se aproximou da casa, ouviu a música e a dança. Então chamou um dos servos e perguntou-lhe o que estava acontecendo.

Este lhe respondeu: 'Seu irmão voltou, e seu pai matou o novilho gordo, porque o recebeu de volta são e salvo'. O filho mais velho encheu-se de ira, e não quis entrar. Então seu pai saiu e insistiu com ele.

Mas ele respondeu ao seu pai: 'Olha! Todos esses anos tenho trabalhado como um escravo ao teu serviço e nunca desobedeci às tuas ordens. Mas tu nunca me deste nem um cabrito para eu festejar com os meus amigos. Mas quando volta para casa esse seu filho, que esbanjou os teus bens com as prostitutas, matas o novilho gordo para ele!'

Disse o pai: 'Meu filho, você está sempre comigo, e tudo o que tenho é seu. Mas nós tínhamos que comemorar e alegrar-nos, porque este seu irmão estava morto e voltou à vida, estava perdido e foi achado'."

Eu ouvi o Pai dizer, "*Você foi criado para mim.*"

Você. Foi. Criado. Para. Mim.

Você foi feito para ser uma criança novamente, como era antes, confiando e permanecendo em Deus, podendo descansar na verdade e no amor da presença que o Pai traz. Você foi feito para passear no jardim, sendo guiado e ensinado por Ele diariamente. Todos podem experimentar o dom de um relacionamento com Deus agora, através de Jesus Cristo.

Gálatas 4:4-5 NAA, "*Mas, quando chegou [no plano de Deus] a plenitude do tempo, Deus enviou o seu Filho, nascido de mulher, nascido sob a [as regulamentações da] lei, para resgatar os que estavam sob a lei, a fim de que [nós, os que cremos] recebêssemos a adoção de filhos [como filhos de Deus com todos os direitos, assim como qualquer membro plenamente gerado de uma família]."*

Se seguidos e integrados corretamente ao longo do tempo, os valores deste livro irão te capacitar para ser a sua melhor versão. Não da forma clichê como as pessoas comercializam hoje em dia, mas totalmente capacitados para nos concentrarmos em amar a Deus e aos outros – isso é, para o que fomos criados.

Oro para que ao menos um capítulo até agora tenha falado com você e incentive a mudança. Finalmente, ao juntarmos tudo isso, desafiarei você a pensar holisticamente, integrando os cinco valores (Recuperação, Exercício, Nutrição, Atenção Plena e Foco, e Fé) em seu Corpo, Mente e Espírito.

Reflexão

Como a sua vida poderia mudar se você acrescentasse

a oração (com fé) às suas situações diárias?

E se você andasse com a mentalidade de que Deus é bom

e é o teu apoio em todas as situações,

não importa o que aconteça?

O que você está esperando ou lutando, que

ainda não perguntou a Deus?

Capítulo VII - Corpo, Mente, e Espírito

"Os que vivem segundo a carne se inclinam para as coisas da carne [que gratificam o corpo], mas os que vivem segundo o Espírito se inclinam [focam as suas mentes] para as coisas do Espírito [Sua vontade e propósito].

Romanos 8:5 NAA

Então, como você pode começar a integrar tudo isso?

Vamos começar com as definições.

De acordo com o Dicionário Oxford, o Corpo é *"a estrutura física de uma pessoa ou animal, incluindo ossos, carne e órgãos"*. Poderíamos dizer que é a nossa pessoa física e o que hospedamos nesta terra.

A Mente é *"o elemento de uma pessoa que lhe permite ter consciência do mundo e das suas experiências, pensar e sentir; a faculdade da consciência e do pensamento."* Poderíamos dizer que é o que usamos para agir, vivenciar e ver o mundo como o conhecemos.

O Espírito é *"a parte não física de uma pessoa que é a sede das emoções e do caráter; a alma."* Significa ser um reflexo de Deus (somos criados à Sua imagem para refletir o Seu caráter, Gênesis 1:26) e nos torna a pessoa única que somos.

O propósito deste capítulo e a razão pela qual quero trazer o espírito e a alma para se misturarem ao bem-estar é que, se não tomarmos cuidado, poderemos continuar a separá-los da nossa vida e hábitos diários. Como você já pode começar a ver, uma parte de nós afeta a outra. Vamos continuar trazendo clareza ao assunto.

Aqui está uma visualização de como eles podem se relacionar:

Corpo, Mente e Espírito

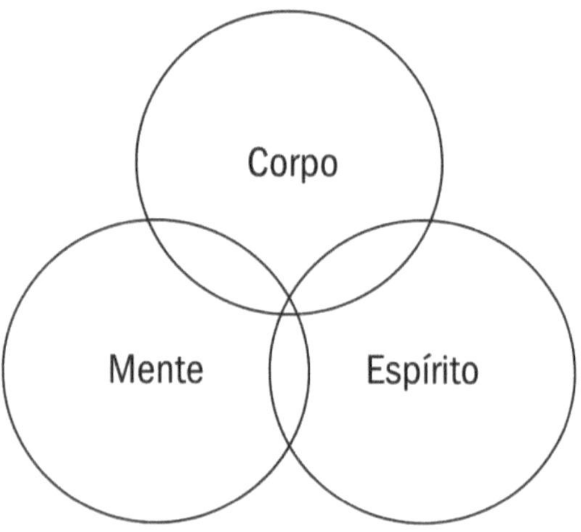

A imagem acima tem sido uma visão clara para mim há alguns anos. Agora, você vê o centro? Acredito que quando você une a pureza nessas três áreas da sua vida, "você verá claramente".

Na pureza do corpo, da mente

e do espírito, vemos com mais clareza.

Em Mateus 5:8 NAA. Jesus afirma:

"Bem-aventurados [que atraem a presença de Deus, espiritualmente maduros]os limpos de coração [aqueles com integridade, moral corajosa e caráter piedoso], porque verão a Deus."

A palavra grega para "*ver*" (*horao*) usada na Bíblia, se expande para o significado de "*ver com os olhos, ver com a mente, perceber, conhecer e familiarizar-se com a experiência, experimentar*". Além disso, outra palavra para a "*face*" (paniym) de Deus em hebraico é "*presença*" ou "*plenitude ou totalidade do ser*".

E dessa maneira, parece que a pureza percorre um longo caminho.

Quando essas dimensões do seu eu interior são puras e guardadas, acredito (e já experimentei) que ouvir, sentir e amar a Deus é mais fácil. Não há distrações.

Não há nada que te separe

da bondade e da sensibilidade

da presença de Deus.

Mesmo que você não seja "perfeito" ao fazer isso (não vivemos por obras), Deus conhece o seu coração e vê quando você tenta com uma intenção honesta. Isso é graça.

Além disso, há também uma oportunidade para você aqui como um ato de adoração (Romanos 12:1). Ao deixar intencionalmente a carne de lado, você pode começar a otimizar áreas da sua vida para Ele, e ser, diariamente, transformado cada vez mais na imagem de Cristo.

Imagine como seria caminhar com essa paixão ardente. Caminhar com essa convicção de cuidar do seu corpo, mente e espírito de uma forma que reflita o quanto Ele te ama e te valoriza.

Acredito que você poderia operar com poder e santidade por meio do Espírito Santo em um grau que nunca experimentou. Você veria claramente o que Deus tem reservado para você e viveria um amor puro e não adulterado, que não busca apenas os próprios interesses. Vivendo isso diariamente. Todos nós temos uma oportunidade poderosa nessa área. E é baseado na abnegação.

No entanto, entendo que, naturalmente, isso não é o que queremos ouvir. A indulgência é natural e um consolador, uma forma de proteção contra dor ou desconforto (físico e emocional).

Mas você foi criado por Deus, para Deus.

Nunca se esqueça disso.

Então, vamos ser mais práticos. Como você pode começar a mudar isso? Como você pode restaurar o que foi perdido?

Você deve se lembrar de que você está sempre conectado como parte da sua humanidade e ainda mais interconectado como pessoa individual. É complexo e incrível como uma parte de você afeta a outra. Sua postura pode afetar a sua mente e como você se sente. As ações afetam os seus pensamentos e os seus pensamentos afetam as suas ações. É um ciclo sem fim.

Por isso, voltarei ao exemplo do açúcar (porque é um bom exemplo). Se você ingerir açúcar, agora sabe, por causa do Capítulo 4, que ele pode afetar as substâncias químicas do seu cérebro e influenciar a sua mente. Se sua mente for afetada, seu corpo e espírito poderão ser afetados. Então, à medida que você segue em frente, as suas escolhas, o seu comportamento e até mesmo o seu humor podem ser influenciados, de maneiras que você pode nem ao menos perceber no momento.

É tão sutil. Muitos de nós nem sabemos

como é nos sentirmos em nossa melhor versão.

Por favor, não perca isto: sempre haverá uma reação em cadeia. As ações que você realiza horas, dias e até semanas antes podem ditar como você faz escolhas diárias atuais. Para muitos, com o tempo, até mesmo a ansiedade ou a depressão podem começar a penetrar quando as ações que tomamos não estão enraizadas na saúde ou na mente em Cristo.

Tudo isso funciona em conjunto, até mesmo integrado ao seu espírito, o que acredito que pode limitar o seu verdadeiro potencial para amar a Deus e impactar os outros de todo o coração. Para deixar isso claro e simples, você pode chegar a um ponto em que não anda consistentemente no Espírito como somos chamados a fazer (Efésios 4:22-23, Efésios 6:18, Gálatas 5:25) – o que infelizmente se tornou normalizado.

Romanos 12:10-11 NAA, *"Amem uns aos outros com [um autêntico] amor fraternal [como membros de uma família]. Quanto à honra, deem sempre preferência aos outros. Quanto ao zelo, não sejam preguiçosos. Sejam fervorosos de espírito, servindo o Senhor."*

No mínimo, as escolhas não saudáveis podem causar inconsistência, que é a raiz da improdutividade para o Reino e o objetivo principal do inimigo (extinguir o Evangelho e o amor de Deus).

Como um cristão, você é salvo pela graça, e o diabo sabe disso. Ele perdeu. Tudo o que o inimigo pode fazer agora é te atrasar, esgotar e/ou distrair, te mantendo focado em si mesmo. Ele pode te levar a um lugar onde o que importa é sempre o que você está fazendo, como está se sentindo, o que deseja e o que precisa. No entanto, Jesus não pregou esse tipo de foco em si mesmo.

Ele pregou exatamente o oposto.

> Mateus 16:24 NAA, *"Jesus dizia a todos: 'Se alguém quer vir após mim [como meu discípulo], negue a si mesmo [deixe de lado os interesses egoístas], dia a dia tome a sua cruz [expressando disposição para suportar o que quer que possa acontecer] e siga-me [acredite em Mim, se apoie em Meu exemplo de vida e, se necessário, sofra ou talvez morra por causa da fé em Mim].'"*

Você se lembra da revelação que eu tive?

"Se tudo é uma escolha, inclusive amar a Deus,

então comer alimentos que limitam as nossas escolhas,

provavelmente não é uma boa ideia."

Como mencionei no Capítulo 4, essas escolhas podem incluir o consumo de álcool, o uso das redes sociais e outros hábitos que prejudicam a sua saúde física, mental e espiritual. Devemos ganhar consciência enquanto aprendemos a moderação, pois dores desnecessárias, doenças, depressão e coisas do gênero podem nos desviar do caminho.

No entanto, quando somos estáveis, consistentes e trabalhamos em prol da saúde do nosso corpo físico e da nossa mente, estaremos mais bem equipados para buscar a Deus e ter relacionamentos com os outros com mais clareza, intenção e amor. E isso, por sua vez, alimenta o espírito.

Você está começando a ver a conexão? E se aprendêssemos a redefinir e reorientar as nossas vidas em torno desta saúde holística como uma prioridade?

Isso pode ajudar a alimentar o seu

espírito em vez de enfraquecê-lo.

O conceito a seguir te ajudará a integrar isso de forma prática em sua vida. Em seu livro *O Poder do Menos*, Leo Babauta escreve sobre as <u>Tarefas Mais Importantes</u> (ou TMIs). Isso inclui duas a quatro tarefas que você realizará logo pela manhã para começar bem o dia. Quando você consegue isso, como o próprio Babauta diz, "não importa o que aconteça, todo dia é um bom dia".

Eu criei uma aplicação prática que você pode fazer diariamente, trabalhando para cuidar de cada área do seu corpo, mente e espírito. Isso deve ser simples, fácil e viável para promover a consistência!

TMIs diárias

Corpo:

Se exercite com um treino em circuito de trinta minutos (podemos dizer que pode ser o Treinamento Corretivo em Circuito que mencionamos no Capítulo 3?).

Mente:

Tire um tempo para respirar e pratique ficar quieto com cinco minutos de "respiração em caixa".

Espírito:

Adore ou ore e medite na Palavra de Deus no lugar secreto por dez minutos.

O mais incrível é que tudo isso pode ser feito em uma hora ou menos. E se você começasse todos os seus dias assim, de forma consistente? Como sua vida mudaria?

Visualize a si mesmo caminhando com foco, liberdade, saúde e intencionalidade diariamente. Você tem a capacidade, e continuarei a reiterar, que começa com essa base de plenitude para ser a sua melhor versão.

"Tudo bem", você pode dizer, "mas estou muito fora do caminho. Como posso recomeçar?" ou "Não estou onde deveria estar física, mental ou espiritualmente".

Não se preocupe! Nas próximas páginas, eu deixei um protocolo de cinco etapas e acredito que isso sempre te colocará de volta ao caminho.

1. Oração e arrependimento

A maioria de nós pensa que se arrepender é chorar e cair de joelhos diante de Deus. Mas, na verdade, a palavra grega na Bíblia para arrependimento é "metanoia", que significa *"uma mudança de mente"* (consequentemente, uma mudança na sua direção).

Por menores que sejam, você deve reconhecer suas falhas e escolhas que te separam do estilo de vida esperançoso que Deus tem para você e se arrepender. Você pode "mudar de ideia" e, então, seguir e confiar nEle, eliminando as distrações e voltando para o melhor caminho, se quiser. A escolha é sua.

Ore e peça por ajuda. Ele irá te guiar. Ele está com você.

2. Pratique a autocompaixão

Todos nós somos tentados. Todos nós podemos tropeçar. Seja grato pela sua consciência, que é capaz de reconhecer os obstáculos em sua vida, e receba a Sua *graça* suficiente.

O fato de você se importar já é uma vitória! Apenas continue seguindo em frente. Use esse tempo para aprender e crescer com a experiência. Lembre-se da palavra que recebi de Deus: *"Você. Foi. Feito. Para. Mim."*

> *"Não existe fracasso, apenas feedback."*
> – John Berardi, **Precision Nutrition**

3. Comece com uma pequena ação

Vá devagar. Você não precisa resolver o problema em um dia. A melhor maneira de voltar aos trilhos é realizar uma pequena ação em direção aos seus objetivos.

Pode ser tão simples quanto tirar um minuto para respirar e se restabelecer. *Qualquer pequena ação em direção aos seus objetivos criará impulso e motivação, levando você à mudança.* Você vai conseguir!

4. Coloque lembretes diários

Quando estiver em um caminho positivo, lembre-se disso. Faça "gatilhos" ou lembretes para te manter no caminho certo e te manter focado no objetivo em questão.

Pode ser um post-it no painel do carro, um lembrete diário no celular ou até mesmo escrever a sua visão no espelho do banheiro. *Qualquer coisa te ajudará a lembrar quem você é e de quem você é, para onde está indo e a manter o foco durante o processo.*

5. Peça ajuda e encontre suporte

A vida em comunidade é essencial. Você foi feito para isso. É importante que a sua família, amigos, colegas, pastor e/ou mentor conheçam seus objetivos. Peça para que eles te ajudem e te apoiem ao longo do caminho.

"Pedir ajuda não significa que você é fraco, na verdade, foi demonstrado que isso cria confiança.

– Brené Brown, Ouse liderar

Se você seguir este processo de cinco etapas, prometo sucesso ao longo do tempo. Não desista. O fracasso acontece. É o que nos torna humanos. A questão é: o que você fará a partir daí?

Apenas continue seguindo em frente. Nunca esqueça que você está aqui na Terra para amar a Deus e refletir esse amor aos outros. Você deve se envolver com seu bem-estar, eliminando distrações para maximizar o seu potencial. Em tempos como este, você tem uma grande oportunidade de manifestar o amor de Deus em tudo o que faz, usando os dons que recebeu para Sua glória e ajudando os outros. Você pode ser a rocha que o mundo tanto precisa por meio de Jesus Cristo.

Cada um de nós tem um papel a desempenhar, mas você irá se comprometer?

Efésio 5:15-16 NAA, *"Portanto, tenham cuidado com a maneira como vocês vivem [viva a vida com honra, propósito e coragem; evitando aqueles que toleram e permitem o mal], e vivam não como tolos, mas como sábios [pessoas sensatas, inteligentes e com discernimento], aproveitando bem o tempo [na terra, reconhecendo e aproveitando cada oportunidade e a utilizando com sabedoria e diligência], porque os dias são [completamente] maus."*

E tudo isso começa com você. A sua melhor versão. O seu melhor ato de altruísmo: caminhar com saúde e liberdade de saber quem você é e o que você deve realizar na Terra. Estou falando sobre liderar a sua esfera de influência onde quer que Deus tenha te plantado e confiar no processo.

Nem sempre você pode controlar a dor, as doenças e as enfermidades em sua vida e no mundo, mas pode fazer o melhor para *evitar* e semear boas sementes. Além disso, você deve simplesmente confiar na vontade de Deus por meio da fé, seja para *cura* ou para *crescimento*.

> Gálatas 6:7-10 AMP, *"Não se enganem: de Deus não se zomba. Pois aquilo que a pessoa semear, isso também colherá. Quem semeia para a sua própria carne, da carne colherá corrupção; mas quem semeia para o Espírito, do Espírito colherá vida eterna.*
>
> *E não nos cansemos de fazer o bem, porque no tempo certo faremos a colheita, se não desanimarmos. Por isso, enquanto tivermos oportunidade, façamos o bem a todos, mas principalmente aos da família da fé."*

Nós colhemos o que plantamos. Eu acredito em milagres. Acredito na graça, na cura e no poder de Deus; mas às vezes devemos nos perguntar: *"Deus deveria realizar um milagre quando, na verdade, eu preciso apenas cuidar melhor do meu corpo, da minha mente ou do meu espírito e semear boas sementes?"*

Sem correção, não aprendemos nada.

> Hebreus 12:4-10 NVI, *"Na luta contra o pecado, vocês ainda não resistiram até o ponto de derramar o próprio sangue. Vocês se esqueceram da palavra de ânimo que ele lhes dirige como a filhos:*

'MEU FILHO, NÃO DESPREZE A DISCIPLINA DO SENHOR, NEM SE MAGOE COM A SUA REPREENSÃO, pois o Senhor DISCIPLINA A QUEM AMA, e castiga [corrige] todo aquele a quem ACEITA como filho [EM SEU CORAÇÃO].'

Suportem as dificuldades, recebendo-as como disciplina [correção para um propósito]; Deus os trata como filhos. Pois, qual o filho que não é disciplinado por seu pai? Se vocês não são disciplinados, e a disciplina é para todos os filhos [os filhos de Deus], então vocês não são filhos legítimos, mas sim ilegítimos.

Além disso, tínhamos pais humanos que nos disciplinavam, e nós os respeitávamos [porque eles nos educavam]. Quanto mais devemos submeter-nos ao Pai dos espíritos, para assim vivermos [aprendendo com Sua disciplina]!

Nossos pais nos disciplinavam por curto período, segundo lhes parecia melhor; mas Deus nos disciplina para o nosso bem, para que participemos da sua santidade."

Deus te ama demais para permitir que você se desvie cegamente do caminho como filho ou filha. Podemos ver essa verdade e viver o contrário, ou podemos escolher viver com sabedoria e gratidão. A *diligência* e a *mordomia* em relação ao corpo como um templo são de grande ajuda. Acredito que é aqui que a boa ciência encontra a fé.

No que diz respeito à prevenção holística, as pesquisas demonstraram que um estilo de vida ativo e uma dieta saudável estão ligados à redução da probabilidade de câncer e outras doenças, como a COVID-19, a gripe e vírus semelhantes, tornando o sistema imunológico "robusto" (bem equilibrado).

Então, indo ainda mais longe ao integrar a oração, acredito que você possa potencializar essa prevenção e proteção com a armadura de Deus. *Em outras palavras, ser ofensivo ao exercer a sua fé e andar diariamente no Espírito sob Suas asas* (Efésios 6:10-18, Salmo 91:1).

A imagem abaixo é um visual da Precision Nutrition que uso como ferramenta para ajudar os clientes a obter uma nova perspectiva e trabalhar com o que podem ou não controlar. O que *você* escreveria em cada uma dessas esferas?

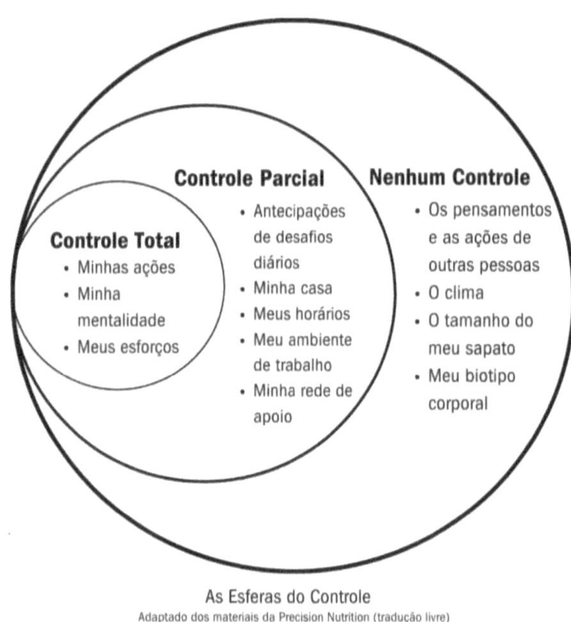

As Esferas do Controle

Adaptado dos materiais da Precision Nutrition (tradução livre)

Eu estava conversando com um amigo (um agradecimento ao Tyler) e criamos outra *Mentalidade 360*.

"Controle aquilo que você pode

controlar, ore pelo resto."

Tudo o que podemos controlar é o que semeamos. Deus é confiável. Ele é justo, bom e nos cura, ainda que haja *correção* para a *corrupção*. Você tem livre arbítrio e vive em um mundo quebrado e pecaminoso. Você não deve esquecer que haverá muitas provações, mas Cristo venceu todas elas.

Verdadeiramente "vivemos na beleza do caos". E é por isso que encorajo você a agir, confiando e deixando que Deus abençoe o resto, no tempo DELE.

Tiago 1:2-4 NAA, *"Meus irmãos, tenham por motivo de grande alegria o fato de passarem por várias provações, sabendo que a provação da fé [através da experiência] que vocês têm produz perseverança [levando à maturidade espiritual e paz interior]. Ora, a perseverança deve ter ação completa, para que vocês sejam perfeitos e íntegros [na fé], sem que lhes falte nada."*

João 16:33 NAA, *"Falei essas coisas para que em mim vocês tenham [perfeita] paz. No mundo, vocês passam por aflições; mas tenham coragem [seja confiante, destemido, cheio de alegria]: eu venci o mundo. [Minha conquista está consumada, Minha vitória permanece.]"*

Você deve permanecer na fé. É a sua hora de brilhar nos momentos de provação, permanecendo perto de Deus e ouvindo a Sua palavra. Nada poderá te impedir quando você deixar suas necessidades de lado e ver as provações como uma oportunidade de exalar Jesus.

Preciso dizer algo: nenhum de nós está aqui por engano. Escrevi a *primeira edição* deste livro durante a pandemia do COVID-19 e sinto que temos um propósito poderoso durante este período.

"Você pode causar um impacto muito mais profundo neste mundo cheio de necessidades, se você acreditar em si mesmo (através dEle) e deixar suas ações refletirem essa crença."

Você pode controlar suas escolhas, sua dieta, sua atividade, sua recuperação, seu tempo de oração, como você responde, como você reage e muito mais.

Agora, para fazer isso e permanecer constante, você deve aprender o desco para o seu espírito. O que também traz descanso para a mente e o corpo. Eu defino isso como "receber o amor de Deus no lugar secreto, diariamente".

Descansar. Esta é a base para o seu espírito. Lembra do "descanso devocional" no Capítulo 1?

Através da Sua graça, podemos conhecer a Palavra de Deus (Escrituras), ouvir a palavra de Deus (Sua voz) e ter discernimento sobre o que está por vir. Devemos viver deixando a Sua presença ditar as nossas circunstâncias, abrindo mão do nosso controle, não o contrário, impedindo que Cristo e outros nos ajudem a carregar os nossos fardos (Gálatas 6:2, Hebreus 4:15).

Devemos aprender a deixar Deus ser Deus. As coisas boas acontecem quando permitimos que Sua graça e presença ditem nossas circunstâncias, e não quando nos esforçamos por nossa própria força. Na verdade, isso seria se esforçar fora da vontade do Senhor. Eu sei por mim mesmo; tenho tendência a ficar "à frente" de Deus.

Aqui está uma das minhas citações favoritas sobre descansar aos pés de Jesus e confiar nEle.

"Existe um caminho mais excelente… Eu não estarei consciente da *necessidade*, estarei consciente da *presença*."

– Damon Thompson, Avivalista

Quando você busca a presença e a direção de Deus acima da "solução", as coisas se abrem para você de uma forma que não aconteceria caso você tivesse continuado a se esforçar e a ter o controle sobre uma circunstância. Somente com o *descanso devocional* você consegue alcançar esse estilo de vida.

Para encontrar esse tipo de descanso e ouvir a Sua voz claramente, você precisará entrar no "lugar secreto". Feche a porta. Se concentre nEle, esteja em particular com o Senhor e sente-se. Ouça o que Ele tem a dizer. Convide a Sua presença.

> Mateus 6:6 NAA, "*Mas, ao orar, entre no seu quarto e, fechada a porta, ore ao seu Pai, que está em secreto. E o seu Pai, que vê [o que está feito] em secreto, lhe dará a recompensa.*

As Escrituras nos mostram que você pode entrar na sala do trono da graça com ousadia. Ele te ama e te criou exatamente por esse motivo: para passar tempo com você, permitindo que você caminhe em graça e abundância, refletindo a Sua imagem. Não porque você se esforça, mas porque você é dEle e descansa nessa verdade diariamente, não importa o que aconteça.

Hebreus 4:15-16 NAA, *"Porque não temos sumo sacerdote que não possa se compadecer das nossas fraquezas [saber exatamente como é ser humano]; pelo contrário, ele foi tentado em todas as coisas, à nossa semelhança, mas sem [cometer qualquer] pecado.*

Portanto, aproximemo-nos [com privilégio] do trono da graça [isto é, o trono do favor gracioso de Deus] com confiança, a fim de recebermos misericórdia [por causa das nossas falhas] e encontrarmos [a Sua maravilhosa] graça para ajuda em momento oportuno [uma bênção apropriada, chegando no momento certo].

2 Coríntios 3:17-18 NAA, *"Ora, este Senhor é o Espírito; e onde está o Espírito do Senhor, aí há liberdade [emancipação da escravidão, a verdadeira liberdade]. E todos nós, com o rosto descoberto, contemplando a glória do Senhor, somos transformados, de [um grau de] glória em [cada vez mais] glória, na sua própria imagem, como pelo Senhor, que é o Espírito."*

Como ilustração deste princípio, vamos ver uma passagem em Lucas para te lembrar de como Deus pode trabalhar na sua vida, não através da sua constante inquietação, mas através do descanso devocional com Aquele que te criou – permitindo que a *graça* triunfe.

Lucas 9:12-17 NVI, *"Ao fim da tarde, os doze [discípulos] aproximaram-se dele e disseram: 'Manda embora a multidão para que eles possam ir aos campos vizinhos e aos povoados, e encontrem comida e pousada, porque aqui estamos em lugar deserto'.*

Ele, porém, respondeu: 'Dêem-lhes vocês algo para comer'. Eles disseram: 'Temos apenas cinco pães e dois peixes — a menos que compremos alimento para toda esta multidão'. (E estavam ali cerca de cinco mil homens). Mas ele disse aos seus discípulos: 'Façam-nos sentar-se em grupos de cinqüenta'. Os discípulos assim fizeram, e todos se assentaram.

Tomando os cinco pães e os dois peixes, e olhando para o céu, deu graças [e os abençoou] e os partiu. Em seguida, entregou-os aos discípulos para que os servissem ao povo. Todos comeram [completamente] e ficaram satisfeitos, e os discípulos recolheram doze cestos [abundantes e estavam] cheios de pedaços que sobraram.

O milagre nesta passagem nasceu no ato do descanso devocional. Em vez de correrem para a loja, Jesus fez com que se sentassem. Você só encontra esse tipo de realização no lugar secreto, aos pés de Jesus, descansando aos pés dAquele que chamamos de Rei.

Dando graças.

Esta é uma mentalidade do Reino contraintuitiva à maneira como o mundo pensa e se comporta, cheia de confiança plena em Deus, que é o seu Pai bondoso, muito bondoso.

Deixe Deus cuidar do seu espírito, cresça e aprenda a amar estar em Sua presença, lendo a Palavra e sendo treinado para onde Ele quer que você esteja neste mundo – esse é o "verdadeiro descanso".

Existem pessoas em sua vida que te apoiam e estão ao seu lado, mas Deus te apoia muito mais e está ao seu lado ainda mais, em um grau infinito (Efésios 3:18). Ele prometeu cuidar de você e de todas as suas necessidades justas (Mateus 6:25-34, Tiago 4:3). Às vezes, tudo o que você precisa fazer é sentar e *receber*.

Se você quiser se aprofundar em seu relacionamento com Deus, há um livro chamado *Segredos do Lugar Secreto*, de Bob Sorge, que eu recomendo. Aqui, estou apenas abordando o Lugar Secreto e como ele está relacionado ao seu espírito e bem-estar, mas esse livro vai muito além sobre como você pode buscar a Deus e iniciar o seu relacionamento pessoal com Ele.

Nas páginas seguintes estão três componentes práticos que acredito que compõem o Lugar Secreto, e é apenas um começo para você iniciar o seu devocional.

1. Oração

Praticar a gratidão, orar pelos outros de acordo com a vontade de Deus e lançar as suas preocupações sobre o Senhor.

> *"[...] A oração de um justo (aquele que crê) é poderosa e eficaz [quando colocada em ação se torna efetiva por meio de Deus - é dinâmica e pode ter um poder tremendo]."*
>
> Tiago 5:16b NVI

2. Leitura das Escrituras

Meditar (ou desacelerar, ler atentamente e levar em consideração cada palavra) na Palavra de Deus.

"Não deixe de falar as palavras deste Livro da Lei e de meditar nelas de dia e de noite, para que você cumpra fielmente tudo o que nele está escrito. Só então os seus caminhos prosperarão e você será bem sucedido.

Josué 1:8 NVI

3. Espere no Senhor

Descansar e ouvir o que Deus está dizendo durante a sua estação presente. Buscando direção, clareza, amor e esperança no Pai.

"Mas aqueles que esperam no Senhor [que têm a sua expectativa nEle, que O buscam e mantém a esperança nEle] renovam as suas forças. Voam bem alto [e chegam perto de Deus] como águias [se erguendo em direção ao sol]; correm e não ficam exaustos, andam e não se cansam."

Isaías 40:31 NVI

Essas três ações alimentam a chama do Espírito dentro de você, acendendo a paixão pelo Senhor e pelo serviço aos outros, ao mesmo tempo que trazem verdadeiro descanso à sua alma, mente e corpo cansados.

Então, hoje, eu te desafio a revisar suas anotações feitas ao longo deste livro e meditar sobre elas. Ore, busque e peça a Deus que te revele o seu propósito e quais os próximos passos em tudo isso. Lembre-se de aquietar-se. *Ouça.* Ele deseja passar tempo com você e revelar a Sua sabedoria. Sem o verdadeiro descanso, isso não pode acontecer.

Tiago 1:5 NAA, *"Se, porém, algum de vocês necessita de sabedoria [para te guiar em meio a uma decisão ou circunstância], peça a Deus [que é benevolente], que a todos dá com generosidade e sem reprovações, e ela lhe será concedida."*

Sei que muitas vezes pode ser assustador orar e ouvir ao Senhor. Nem sempre será o que você deseja ouvir, mas confie em Sua bondade. Deixe de lado o medo. Ore com fé.

Eu sei que Ele responderá!

Reflexão

*Refletindo sobre o Corpo, a Mente e o Espírito,
existe uma área da sua vida que você se encontra
negligenciando mais do que outra?*

O que você pode fazer para fortalecer essa área?

*Como você poderia implementar o que aprendeu
em sua vida cotidiana?*

Conclusão

"Ora, tendo Cristo sofrido na carne [e morrido por nós], estejam também vocês armados [como guerreiros] do mesmo pensamento [estarem dispostos a sofrer por fazer o que é certo e agradar a Deus]. Pois aquele que sofreu na carne [tendo a mesma opinião de Cristo] rompeu [intencionalmente] com o pecado [pois parou de agradar o mundo], para que, no tempo que lhes resta na carne, vocês não vivam mais de acordo com as paixões humanas, mas [vivam] segundo a vontade de Deus."

1 Pedro 4:1-2 NAA

O seu potencial em Deus é infinito.

No entanto, para permitir plenamente o crescimento, você deve primeiro encontrar o equilíbrio entre corpo, mente e espírito, construindo em si mesmo uma base saudável na qual os outros possam confiar e admirar em você como líder.

Todos nós devemos trabalhar continuamente em direção a essa base consistente de bem-estar e plenitude para viver a vida ao máximo. Através disso, encontramos liberdade e oportunidade de realização como nenhuma outra. Isso não virá de fazer o que é fácil. Os dias são maus, e o mundo está em oposição à mente e ao caminho de Cristo. Somente vivendo contra a correnteza você poderá avançar nesse estilo de vida.

Você vai se juntar a mim?

No final das contas, essa *transformação* por meio da totalidade e plenitude tem a ver com *identidade*; lembrando quem você é, como filho e filha de Deus, antes de mais nada. Há vida eterna quando você se entrega totalmente a Ele, tanto para a vida presente quanto para a vida futura.

> Mateus 10:39 NAA, *"Quem acha a sua vida [neste mundo] a perderá [eventualmente através da morte]; e quem perde a vida [neste mundo] por Minha causa, esse a achará [isto é, viverá Comigo por toda a eternidade]."*

Se você quiser destacar alguma coisa do que escrevi, gostaria que soubesse que foi criado para muito mais do que você possa imaginar.

No entanto, para maximizar esta verdade na sua vida, você precisará aplicar ações consistentes em direção à verdadeira saúde e bem-estar: integrando os conceitos destas páginas com autodisciplina, persistência, resistência e fé.

Você foi feito à Sua imagem, e agora é a hora de deixar Cristo brilhar em todas as áreas da sua vida. O mundo clama para que os filhos e filhas de Deus assumam sua identidade e sigam o verdadeiro Evangelho com amor, graça e poder.

É uma vida de completa doação altruísta, mas você encontrará a plenitude através desse processo. Tenho uma paixão ardente por ver todos aqueles que acreditam viver à altura do potencial para o qual foram criados!

Meu coração arde por avivamento.

Efésios 1:18-21 NVI diz:

> *Oro também para que os olhos do coração [o próprio centro e a essência do seu ser] de vocês sejam iluminados [inundados de luz pelo Espírito Santo], a fim de que vocês conheçam a esperança [a garantia divina, a expectativa confiante] para a qual ele os chamou, as riquezas da gloriosa herança dele nos santos (o povo de*

Deus) e [então você começará a saber sobre] a incomparável grandeza do seu [ativo, espiritual] poder para conosco, os que cremos, conforme a atuação da sua poderosa força.

Esse poder ele exerceu em Cristo, ressuscitando-o dos mortos e fazendo-o assentar-se à sua direita, nas regiões celestiais, muito acima de todo governo e autoridade, poder e domínio [seja celestial ou humano], e [muito acima] de todo nome que se possa mencionar [acima de cada título que possa ser conferido], não apenas nesta era, mas também na que há de vir.

Sinto o coração de Deus se partir com

o potencial não vivido em cada um de nós.

Não podemos mais, como Igreja, continuar a negligenciar o templo onde Deus habita e o poder que agora possuímos através de Cristo. Devemos nos nutrir e cuidar de nós mesmos através da recuperação intencional, do exercício, da nutrição e da atenção plena com foco, ao mesmo tempo que cultivamos e integramos a fé para construir uma base de crescimento e impacto.

Plenitude significa atingir todos os ângulos e, com isso, você pode maximizar o seu verdadeiro potencial entregue por Deus. O modo de viver para o qual você foi chamado pode não se parecer com o mundo, mas você foi chamado para ser diferente. Você é chamado para impactar o mundo a partir de uma posição diferente, centrado em Cristo, não importa onde Deus tenha te plantado.

Você pode ser um estudante e causar impacto. Você pode ser uma mãe ou um pai que fica em casa e causar impacto. Você pode ser um líder, lutar contra a exaustão e causar impacto. Tudo bem. Não importa o que você faça, e sim como e por que você faz o que faz, isso sim fará a diferença.

Deus quer aqueles que *queimam*.

Que todos aqueles que têm ouvidos, ouçam.

> Marcos 4:23-25 NAA, "*'Se alguém tem ouvidos para ouvir, ouça.' Então lhes disse: 'Prestem bem atenção no que vocês ouvem. Com a medida com que tiverem medido vocês serão medidos, e mais ainda lhes será acrescentado. Pois ao que tem, mais será dado; e, ao que não tem, até o que tem lhe será tirado.'*"

> Mateus 11:12-15 NAA, "*Desde os dias de João Batista até agora, o Reino dos Céus sofre violência, e os que usam de força se apoderam dele. Porque todos os Profetas e a Lei profetizaram até João. E, se vocês o querem reconhecer, ele mesmo é Elias, que estava para vir. Quem tem ouvidos para ouvir, ouça.*"

Aqui, Jesus fala sobre uma oportunidade. Você se erguerá violentamente a um estado onde todo o seu coração é fortalecido por uma consciência equilibrada e sincera (uma paixão zelosa por Deus), abraçando a sua grandeza? Ou você perderá a vida de impacto e aventura para a qual Deus te destinou?

"Você pode tropeçar em direção à graça de Deus, mas você não pode tropeçar em direção à reverência e a sinceridade."

— Mike Bickle, Fundador **IHOP**

Você foi chamado para ser um praticante da palavra, não apenas um ouvinte. Você é chamado a amar aos outros, buscar a vontade de Deus, viver o evangelho de Cristo e cuidar do seu corpo como um templo de Deus.

Quero exortar você a não mais se conformar com o mundo, deixando que ele te defina. Em vez disso, elimine as distrações, continue a encontrar sua identidade em Cristo e seja a luz do mundo; um dia de cada vez.

O mundo precisa de você e Deus quer te usar.

Tiago 1:22-24 NAA, *"Sejam praticantes da palavra e não somente ouvintes, enganando a vocês mesmos. Porque, se alguém é ouvinte da palavra e não praticante, assemelha-se àquele que contempla o seu rosto natural num espelho; pois contempla a si mesmo, se retira e logo esquece como era a sua aparência."*

2 Pedro 1:4-8 NVI, *"Por intermédio destas ele nos deu as suas grandiosas e preciosas promessas, para que por elas vocês se tornassem participantes da natureza divina e fugissem da corrupção que há no mundo, causada pela cobiça.*

Por isso mesmo, empenhem-se para acrescentar à sua fé a virtude; à virtude o conhecimento; ao conhecimento o domínio próprio; ao domínio próprio a perseverança; à perseverança a piedade; à piedade a fraternidade; e à fraternidade o amor.

Porque, se essas qualidades existirem e estiverem crescendo em suas vidas, elas impedirão que vocês, no pleno conhecimento de nosso Senhor Jesus Cristo, sejam inoperantes e improdutivos."

Então, encontre sua rede de apoio, anote seus objetivos, seja paciente consigo mesmo, aproveite o processo e nunca se esqueça de quem você é.

Você foi criado para a grandeza e ela começa agora.

Desafio você a compartilhar este livro com três pessoas que você conhece e que poderiam se beneficiar do conteúdo destas páginas. Entregue com impacto. Se você decidir tentar a ***Redefinição de Dopamina em 21 Dias***, espero que possa usar as orientações e o incentivo deste livro para permanecer centrado em Cristo durante "o processo".

Confie. Escute. Ouça.

Deus quer falar com você durante este tempo, e eu quero ver a sua grandeza começar a brilhar ao longo da próxima temporada. Não se esqueça dos "5 porquês" do Capítulo I: o seu verdadeiro motivo para ler este livro. Oro para que, nesta altura, você consiga ver claramente o valor da recuperação, dos exercícios, da nutrição, da atenção plena e do foco; e da fé integrados em sua vida. Medite, identifique e aplique maneiras de adicionar verdadeiro bem-estar à sua vida por meio desses conceitos.

Sempre há mais para aprender e espaço para crescimento para quem quer ser *excelente*. Consulte a página 114 para ajudá-lo a dar os próximos passos em direção a uma *ação holística*. Encontre o que funciona para você, confie naquilo por que você é apaixonado, e permaneça fiel ao amor e ao caminho de Deus para a sua vida.

Como cristãos, é a nossa hora de nos unirmos e encorajarmos uns aos outros a buscar esta abordagem holística, uma saúde baseada na fé, à qual eu chamo de plenitude.

Não podemos ter avivamento sem unidade. Oro por paz e proteção para você e sua família. Siga em frente e mantenha a fé. Eu realmente me importo com você e acredito que Deus guiará o seu caminho enquanto você continua a permanecer nEle. Há esperança, cura e saúde neste caminho.

Selá.

3 João 1:2 NVI, "*Amado, oro para que você tenha boa saúde [física] e tudo lhe corra bem, assim como [eu sei que] vai bem a sua alma [e seu espírito].*

Reflexão

Escreva algumas notas, desenhe um mapa mental visual:

Qual é a sua maior lição depois de ler este livro?

Visite as próximas páginas para obter um feedback instantâneo sobre a sua plenitude atual através do meu teste rápido de avaliação com 20 questões sobre Plenitude e Totalidade...

A Plenitude: 100™

Por favor, responda às perguntas a seguir sobre como você se avaliaria atualmente. (Sendo 1 para o pior dos casos, e 5 para o melhor dos casos)

1. Recuperação

Atualmente livre de dor ou lesão:

—

Qualidade típica do sono (de 7 a 9 horas são ideais):

—

Gerenciamento de estresse:

—

Energia diária:

—

2. Exercício

Pratica atividade física diariamente:

—

Motivado para fazer exercícios:

—

Movimenta-se bem e com qualidade:

—

Possui um plano ou cronograma de exercícios:
—

3. Nutrição

Planeja, prepara e prioriza uma alimentação saudável:
—

Come devagar, desfrutando com autocontrole:
—

Come uma variedade de "alimentos integrais" e não
processados
(Ingrediente único, orgânico quando possível):
—

Bebe muita água (1-2 litros no mínimo por dia):
—

4. Atenção Plena e Foco

Equilíbrio emocional constante
(Sem oscilação depressiva ou ansiedade):
—

Permanece presente no momento, limita as redes sociais
(foca na tarefa em questão):
—

Reserva um tempo para descansar e ser grato pelo que tem:
—

Está atento e leva "todos os pensamentos e ações cativos"
(2 Coríntios 10:5):

——

5. Fé

Passa tempo com Deus diariamente (no "lugar secreto" – não
apenas orando, mas *ouvindo* e *descansando* em Sua
presença):

——

Atualmente, confia no processo e está em paz:

——

Clareza de propósito e destino na vida;

——

Impacta ativamente e ajuda outras pessoas além de você:

——

Por favor, reserve um momento e calcule a sua pontuação
completa (100 pontos é o máximo).

Para *agir hoje*, você pode comparar e identificar as áreas
baixas nas quais precisa atuar ou otimizar as áreas fortes. A
mudança saudável começa agora!

_____ Pontuação Total

*Se você otimizasse "360° graus" uma área
De sua saúde este mês, com qual pequena ação diária
você poderia começar hoje?*

AGRADEÇO PELO INTERESSE EM LER...

VOCÊ FOI CRIADO PARA A GRANDEZA

Se este conteúdo te ajudou de alguma forma, por gentileza, deixe uma avaliação online na Amazon ou na Barnes & Noble, e ajude mais leitores a descobrirem sua grandeza.

Sobre o Autor

"Deus possui esperança, cura e vida para cada um de nós. Quero compartilhar isso através do que faço para ver outros se curarem e se reerguerem das cinzas, brilhando neste mundo em que foram criados para impactar com um propósito."

– Jackson Hale

O coração do projeto *360wellness* é o Avivamento: o avivamento do povo de Deus e de todos os que irão fazer parte do Corpo, para alcançar a saúde, a plenitude e o propósito que Deus tem para eles. @360wellness

Jackson e suas equipes se capacitam através do caminho da saúde holística, integrando bem-estar prático, como fisioterapia ou nutrição funcional, e práticas bíblicas, como oração e aconselhamento, para ajudar a curar e apoiar não apenas o corpo, mas até mesmo a mente e o espírito daqueles que mais precisam.

Com uma vasta experiência e conhecimento em fisioterapia, exercícios corretivos, nutrição holística, psicologia de mudança de comportamento e uma paixão por transformar a área de saúde, Jackson Hale criou o seu próprio caminho em 2016. Ele teve a visão de iniciar um novo conceito em cuidado e saúde, para "o Corpo de Cristo e todos os que irão fazer parte".

Os valores fundamentais da sua organização estão integrados em tudo o que ele faz. Isso inclui recuperação, exercício, nutrição, atenção plena e foco; e a fé, constituindo o que Jackson chama de o "verdadeiro bem-estar". Com este sistema, ele pretende um dia causar um impacto global, restaurando, equipando e treinando outros para usarem a *Grandeza* que foi dada a cada um através de Cristo.